《资本论》的故事

The Story of *Das Kapital*

杨洪源 著

人民出版社

出版前言

今年,全世界最大的马克思主义政党——中国共产党召开第二十次代表大会。习近平总书记指出:"中国共产党为什么能,中国特色社会主义为什么好,归根到底是马克思主义行,是中国化时代化的马克思主义行。"在中国历史发展的进程上,从没有任何一种思潮,能像马克思主义理论一样,孕育出一个震撼世界的坚强政党中国共产党,并由此动员起最广大的人民群众,开启了中华民族扭转命运、持续走向伟大复兴的事业。也正因此,习近平总书记反复强调,"马克思主义是我们立党立国、兴党兴国的根本指导思想","必须真正把马克思主义这个看家本领学精悟透用好"。

为帮助读者特别是广大青年更积极主动地了解与学习马克思主义知识，我们策划了这套《马克思主义故事丛书》。丛书选取了马克思主义具有代表性的人物、著作或符号与标识，采用故事性的讲述方式加以介绍。力求从不同角度通俗、生动地展现马克思主义的思想力量与中国共产党的实践力量，为我们更好地认识世界、改造世界不断回答中国之问、世界之问、人民之问、时代之问，提供更多理论支持。

人民出版社

2022 年 11 月

目 录

导　语　走进马克思的思想世界..................................001

第一章　《资本论》的前世今生..................................011
　　　不为人知的杰作..013
　　　卷帙浩繁的手稿..017
　　　影响深远的巨著..022

第二章　问世的艰辛历程..029
　　　呕心沥血数十载..031
　　　悲惨生活的深渊..038
　　　流亡政治的产物..045

第三章　观照资本主义社会 051
柏修斯的隐身帽 053
庞大的机械怪物 058
十全十美的最美好世界 062

第四章　辩证的哲学思想 067
一位大思想家的学生 070
辩证法的批判本质 074
认识社会有机体的方法 079

第五章　批判的经济理论 085
商品拜物教的秘密 088
商品世界的上帝 093
魔法师与魔鬼 098

第六章　工人阶级的处境与命运 103
资本主义的"摩奴法典" 106

息息法斯的苦刑..................110

　　　被缚的普罗米修斯..................116

第七章　改变现实世界的道路..................123

　　　争取正常工作日的斗争..................125

　　　充满反讽意味的结局..................132

　　　通往"自由王国"的道路..................136

第八章　《资本论》在中国..................141

　　　在中国的早期传播..................143

　　　在中国的翻译历程..................148

　　　在中国的具体运用..................155

结　语　《资本论》大众化的尝试..................161

视频索引..................166

后　记..................168

导 语
走进马克思的思想世界

对任何伟大的思想家来说,理解其特定著作中的具体内容的前提,在于对他的整个思想世界有一个清晰的总体把握。解读马克思的《资本论》也不例外。在描述与总结大贤的思想历程方面,中国古人曾有过这样为人们所耳熟能详的说法:"吾十有五而志于学,三十而立,四十而不惑,五十而知天命,六十而耳顺,七十而从心所欲,不逾矩。"(值得注意的是,这里的年龄是虚岁,而非周岁)有趣的是,马克思思想发展历程竟然与此有着高度的相似性。

为什么还要读马克思?

1836年的马克思画像

出生于1818年5月5日的马克思，很早就开始了写作，尽管他直到读大学时（1835年10月）才开始有意识地整理和保存自己的作品。1833年，15周岁的马克思在其阅读的大量人文经典的"塑造"下，写下了题为《人生》的诗歌，初次表达了自己的人生观。"时光带走的一切，／永远都不会返回。／生就是死，／生就是不断死亡的过程。"① 从这些诗句中不难看出，马克思在"志于学"时便领悟到"向死而生"这一哲学终极命题的真谛。基于时间长河来观照有限的生命，再来思考人生的追求与意义，就会发现大多数人所苦苦追求的功名利禄不

---

① 《马克思恩格斯全集》第1卷，人民出版社1995年版，第915页。

过是过眼云烟，他们恰恰遗忘了欣赏人生短暂路途中的那些绚丽多彩的风景。这就正如少年马克思所说："人贪婪追求的目标／其实十分渺小；人生内容局限于此，那便是空虚的游戏。"①

这些出自一个少年之手的诗句，对于近代启蒙运动以来与追求个性发展相伴随的、陷入追名逐利"病态"中的芸芸众生来说，无疑是一剂"醒世良方"。长期以来，接受过正规马克思主义教育的人们，何曾想到马克思会有这样的人生观。殊不知，这正是一个活生生的大思想家思想起源的真实写照！

正是有了这样的人生观，少年马克思将整个人类的幸福和个人自身的完美视作选择职业的指针。在他看来，人的本性不是个人追求与人类幸福的相互排斥，也不是个人利益与普遍利益的相互冲突，而是他们的有机融合。"人只有为同时代人的完美、为他们的幸福而工作，自己才能

---

① 《马克思恩格斯全集》第 1 卷，人民出版社 1995 年版，第 916 页。

马克思1835年8月写的中学毕业作文《青年在选择职业时的考虑》第1页

达到完美。"①

这种追求促使马克思"回到"表征着"真"、"善"、"美"的古希腊的城邦时代,通过对"原子论"哲学的深入探讨,表达了对打破既有体系束缚的自由理性的向往。在青年黑格尔派哲学的影响下,马克思此时理解的自由理性,绝非外在于人的世界的抽象原则;相反,它正是人的自我意识的彰显,是普罗米修斯精神的化身:绝不对"甘受役使,来改变自己悲惨的命运"抱有幻想,"宁可被缚在崖石上,也不为父亲宙斯效忠"②。

对自由理性的美好向往不可避免要遭受现实无情的"打磨"与"摧残"。甫一接触社会现实中的物质利益问题,如新闻出版自由、林木盗窃法、摩泽尔河沿岸地区农民生活状况、自由贸易和保护关税等,马克思便发觉现实中充斥着各种反理性的事物,认识到不是自由理性而是物质利益支配着不同社会阶层的政治态度和思想行为,并最终导

---

① 《马克思恩格斯全集》第1卷,人民出版社1995年版,第459页。
② 《马克思恩格斯全集》第1卷,人民出版社1995年版,第12页。

致普遍自由的沦丧。

正所谓"不破不立",为解决物质利益问题这一"苦恼的疑问",马克思转变了自由理性主义者的立场,开始"对现存的一切进行无情的批判"[①],"对当代的斗争和愿望作出当代的自我阐明(批判的哲学)"[②]。在上述过程中,他不仅批判黑格尔的国家和法的哲学(副本批判),揭示其"思辨结构的秘密",从而转向政治经济学批判以真正进入市民社会内部;而且还反思了其思想起源期的"引路人",彻底批判青年黑格尔派和全面清算自己旧的哲学信仰。在此基础上,马克思最终能够"离开思辨的基地来解决思辨的矛盾",彻底扬弃了自我意识如何观照现实世界这一德国古典哲学的主题,形成了自己的新哲学和新的历史观。

1847年,而立之年的马克思出版了《哲学的贫困》一书,通过批判蒲鲁东《贫困的哲学》的方式,对其"见

---

① 《马克思恩格斯文集》第10卷,人民出版社2009年版,第7页。
② 《马克思恩格斯文集》第10卷,人民出版社2009年版,第10页。

解中有决定意义的论点"作了第一次科学的概述,从而标志着他的新世界观的公开问世。颇具反讽意味的是,作为马克思重要批判对象和思想对手的蒲鲁东,在其具有理论基石意义的代表作《什么是所有权》中标榜的也是"不破不立"(Destruam et oedificabo)。

皮埃尔·约瑟夫·蒲鲁东(1809—1865),法国政论家、经济学家和社会学家,小资产阶级思想家

1848—1849年爆发的欧洲革命,使马克思暂时中断了理论研究工作,投身于云谲波诡的革命斗争中。遵循其刚刚创立的唯物史观,马克思从经济基础入手论证经济危机的爆发和随之而来的普遍贫困导致的政治革命,再通过阶

贫富差距为什么会加剧

级斗争和阶级力量的变化来分析政治革命的走向，最后阐述了无产阶级的作用和政治革命的前景。但事与愿违，政治革命的具体时机与最终走向都偏离了马克思的预期。1850年，随着资本主义繁荣时期的到来，工人运动开始步入低谷。此时，马克思正面临着唯物史观之于现实的解释力的巨大困惑。经历了革命的洗礼之后，他转向政治经济学研究，以丰富和发展唯物史观的具体内容，从而能够真正判断资本主义生产方式所能够达到的界限和变革资本主义生产关系的时机。

1857年，经济危机的再次爆发，使正值不惑之年的马克思看到了欧洲革命的新希望，促使他决定立即撰写《政治经济学批判》的大纲，并以极大的热情完成了约50印张的内容，以便在革命的"洪水期到来之前"把一些问题搞清楚。

尔后，经历了十年磨一剑，品尝到各种人生的艰辛，甚至牺牲掉个人的健康、家庭和幸福，马克思于知天命之

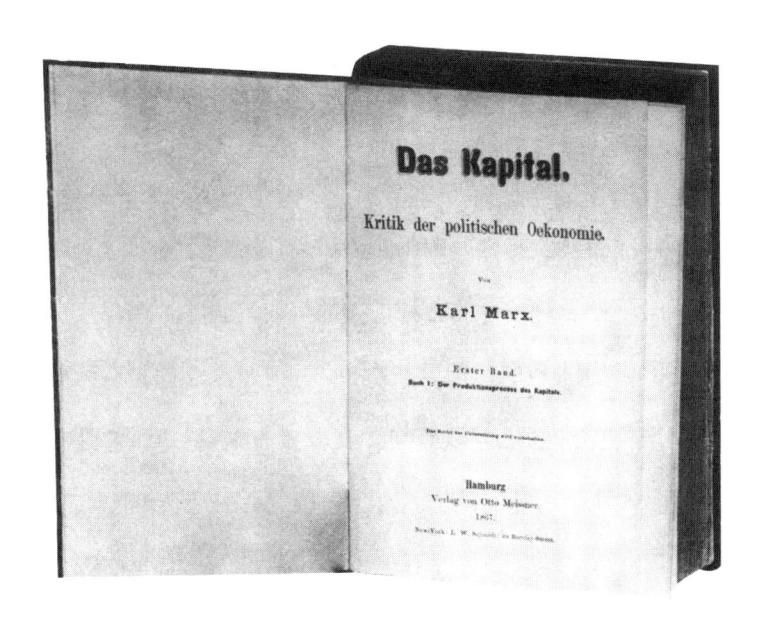

1867年在汉堡出版的《资本论》第1卷第1版扉页

年即1867年正式出版了《资本论》第一卷德文版。他通过剖析资本及资本逻辑，揭露出维多利亚时代新兴资本家的世界的实质，论证了共产主义的可能性和必要性，力求以改变现实世界的方式来实现人的自由而全面的发展。围绕这一主线，马克思探讨诸多与其生活的时代密切相关的重大思想议题，如资本的逻辑及其结构化特征，社会有机体及其结构、资本的本性、资本拜物教、资本主义生产方式的历史、过程与结局等,从而达到其思想的又一座高峰。

伴随着《资本论》的影响力日趋广泛,逐渐步入耳顺之年的马克思对外界的各种批判的反应,也不再像早年那样立即作出猛烈的"批判的批判"。例如,杜林曾在《现代知识补充材料》杂志上撰文攻击《资本论》,说它是对黑格尔式诡辩的拙劣模仿。对此,马克思只是在《资本论》德文第二版"跋"中通过强调他的学说的新唯物主义性质以作简单回应,并没有写出类似于恩格斯《反杜林论》这样篇幅的著作。更为重要的是,受包括新兴金融资本主义和俄国农村公社的"跨越"问题等在内的各种因素的影响,马克思中断了《资本论》第二、三卷的修订工作,转向文化人类学和历史学研究,基于整个人类文明演进的过程来找寻引导世界发展走向的其他因素,为构建人类文明新形态打下坚实的基础。如此的思想深度和思想广度,不正说明了马克思朝着"从心所欲,不逾矩"的方向在迈进吗?

第一章
《资本论》的前世今生

> 正是《资本论》的未完成性和开放性,特别是其中留待解决的疑惑和困境,使得它能够与19世纪以后的时代发生"接触"从而历久弥新。只要资本还是塑造现代世界的力量,只要资本主义还存在,《资本论》就值得为人们所研究。

马克思本人从未真正完成《资本论》这部杰作。《资本论》第一卷是唯一在马克思生前出版的，其他两卷都是由恩格斯根据马克思遗存下来的手稿和笔记加工整理而成的。正是这种未完成性与开放性，赋予了《资本论》深远的意义，尤其是这部杰出著作中的核心内容仍表征着我们当下的生活——当资本依然存在的时候，当它仍旧是主宰和塑造人们生活的力量的时候，《资本论》又怎么能终结呢？在进入《资本论》的主题，揭开资本的神秘"面纱"之前，让我们先来了解一下它的前世今生。

不为人知的杰作

如果有人大致浏览《资本论》的内容，其直接印象会是：这是一部经济学著作。一些较为专业的研究者则会把它看作是一本哲学论著。恐怕普通读者很少把《资本论》

马克思为什么写《资本论》?

同文学作品或艺术作品联系在一起。

在思想起源时期的人文情怀的影响下,马克思始终自视为一个用辩证法来写作的诗人,一个现实洞察力完全超越个人偏见的伟大作家,一个充满创造力的艺术家。在《资本论》的创作阶段,马克思曾给恩格斯写信说明这一著作的性质。他说:"不论我的著作有什么缺点,它们却有一个长处,即它们是一个艺术的整体";"用雅科布·格林的方法不可能达到这一点,他的方法一般比较适用于那些没有辩证结构的著作……"① 正如维纳斯的断臂之美一样,《资本论》的未完成性才是对整个现实世界的最完美写照。

1867年2月25日,在《资本论》行将付梓之际,马克思写信建议恩格斯读一下巴尔扎克的短篇小说《不为人知的杰作》和《改邪归正的梅莫特》,这其中充满着值得玩味的反讽。

---

① 《马克思恩格斯文集》第10卷,人民出版社2009年版,第231页。

这两部短篇小说都属于巴尔扎克《人间喜剧》的"哲理研究"卷。其中,《不为人知的杰作》讲述的是比利时伟大画家弗兰霍费的故事。这位大师用 10 年时间创作了一幅名为《美丽的诺瓦塞女人》的作品。为了使这幅作品臻于完美,他不停地对一些不满意的地方进行修改。每当他觉得大功告成的时候,却总是很快发现新的问题,似乎永远无法达到"光荣的最后一步"。有一天,一位名叫波尔比斯的青年画家走进了弗兰霍费的画室。这位老艺术家满怀骄傲地将波尔比斯带到这幅对现实的最完美表现的作品面前。但让人大跌眼镜的是,青年画家看到的只是层层堆积的颜料,除了在画布的一角还有一只优美的、栩栩如生的脚之外,根本没有所谓的美丽的诺瓦塞女人。波尔比斯坦白地告诉弗兰霍费,画布上什么都没有。弗兰霍费在愤怒地将波尔比斯赶出画室之后,怀着极大的痛苦自杀了,并在死前把他的全部作品付之一炬。

根据拉法格在《回忆马克思》中的说法,巴尔扎克的这篇小说给马克思留下了深刻印象,因为它一定程度上是马克思本人情感的真实写照。马克思数十年如一日孜孜矻矻于这部尚未问世的杰作。人们屡屡要求先睹为快，均遭到马克思的回绝。早在1858年2月22日，马克思曾对费迪南德·拉萨尔解释说："事实上，最近几个月来我都在进行最后的加工。但是进展很慢，因为多年来作为主要研究对象的一些题目，一旦想最后清算它们，总是又出现新的方面的问题，引起新的考虑。"①

在准备让其杰作接受公众审视之时，马克思想起了巴尔扎克的小说绝非偶然，他无疑是出于这样的担忧：《资本论》中关于资本主义社会的最真实的揭露是否会被证明为无法理解的事物。为此，他在《资本论》"序言"中专门写道："除了价值形式那一部分外，不能说这本书难懂。当然，我指的是那些想学到一些新东西、因而愿意自己思考的读者。"②

除了过于追求完美反而导致毁灭之外，《不为人知的

---

① 《马克思恩格斯文集》第10卷，人民出版社2009年版，第149页。
② 《马克思恩格斯文集》第5卷，人民出版社2009年版，第8页。

杰作》中值得玩味的反讽,更应当是《美丽的诺瓦塞女人》可以作为19世纪抽象绘画的完美代表。问题的关键在于,人们在特定的时代中只看到混沌和散乱的地方,或许在不远的时代中将表现出清晰和统一,反之亦然。《资本论》的未完成性和开放性,特别是成型过程中留待解决的疑惑和困境,使得它能够与19世纪以后的时代发生"接触",从而超越那些仍属于且只处于19世纪的"完美"作品而历久弥新。

卷帙浩繁的手稿

提及《资本论》的篇幅,人们的直接反应大多是三卷。懂得稍微多一点的人或许还会加上《剩余价值学说史》这一卷。作为一部内容极其庞杂的批判性巨著,《资本论》的篇幅显然不只是这些,光就手稿而言已是汗牛充栋。如果运用当下较为时髦的"大数据"来说明《资本论》的手稿，至少有以下内容：10册《巴黎笔记》，7册《布鲁塞尔笔记》，9册《曼彻斯特笔记》，24册《伦敦笔记》，11册《1857—1858年经济学手稿》，23册《1861—1863年经济学手稿》，4册《1863—1867年经济学手稿》。前四个部分的手稿属于《资本论》正式写作前的准备材料，后三个部分的手稿则是人们通常所说的《资本论》初稿。

在撰写这些手稿的同时，马克思始终思考着如何对它们进行加工与整理，仅关于写作提纲的探讨就达10余次。从较为系统和成熟的"五篇结构"、"六册结构"，到逐一推翻它们而形成的"三卷四册结构"，写作提纲的上述变化直接表明，将这些手稿整理成册耗费着常人难以接受和理解的艰辛，以及夹杂其中的无法早日达成理想的痛苦与无奈。

1857年底，在最初尝试对已有的手稿作整理出版时，马克思就对即将付梓的成果满怀信心，憧憬着这颗"重磅炸弹"能够马上摧毁资本主义这座摇摇欲坠的大厦。他于

1858 年 1 月 16 日欣喜地告诉恩格斯："我取得了很大的进展。例如，我已经推翻了迄今存在的全部利润学说。"①1859 年 5 月末，《政治经济学批判。第一分册》终于在柏林问世。出版的内容却只是"六册结构"中《资本》册的一部分。

《政治经济学批判。第一分册》1859 年柏林版扉页

与马克思的预期完全相反，这本小册子非但没有在文明世界得到广泛翻译和普遍崇敬，而且在德国的媒体上也没有出现任何关于它的评论。在伦敦的媒体上，人们也只看到了两篇均出自恩格斯之手、发表在德籍政治避难者

---

① 《马克思恩格斯文集》第 10 卷，人民出版社 2009 年版，第 143 页。

刊物《人民报》上的书评。为了避免引起争论，彼时支持马克思的拉萨尔选择了沉默。威廉·李卜克内西则宣称从来没有读过令他感到如此失望的书。马克思的妻子燕妮将上述惨淡的窘况归结为"德国人的沉默的阴谋"，以致她长期以来暗中对《政治经济学批判》"所抱的希望完全落空"。她同时也表达了对马克思的坚定支持与决心："也许，第二分册会使这些瞌睡虫从昏睡中苏醒过来，到那时，他们将攻击这部著作的倾向，而且会比现在对这部著作的科学性保持沉默更为热衷。走着瞧吧。"①

是的，《资本论》手稿的命运绝不会永远是这样的。也许，马克思当时确实面临着如此痛苦的实际情况：在大英博物馆度过的漫长岁月，以及在家中书桌前昏暗灯光下度过的更为漫长的夜晚，换回来的只是堆放在桌角上摇摇欲坠的一摞摞手稿，上面写有密密麻麻的和难以辨识的字迹，却始终无法问世。一时的遮蔽乃至完全被人误解和忽

---

① 《马克思恩格斯全集》第29卷，人民出版社1972年版，第640页。

视，终究无法掩盖深邃的思想本身散发出的真理光芒。在《资本论》卷帙浩繁的手稿中，蕴含着马克思对现存世界和未来世界的思考，特别是关于人的自由而全面发展的论述："建立在个人全面发展和他们共同的、社会的生产能力成为从属于他们的社会财富这一基础上的自由个性。"[①]马克思不仅通过对资本主义生产方式的深入分析，将唯物史观真正建立在严整的现实基础上；而且在进行政治经济学批判和重新构建的同时，也将社会主义变为有客观规律支撑的一门科学。正为此，《资本论》的手稿同样具有恒久的价值。

[①] 《马克思恩格斯文集》第 8 卷，人民出版社 2009 年版，第 52 页。

影响深远的巨著

《资本论》将资本批判推向了马克思所处时代的顶峰,但在它背后的资本世界又出现了新的变化与发展,人们也就没有停止对它的分析、探讨和运用。这种深远的影响力,是马克思生前极为期盼的,是经过漫长历史长河中的反复积淀才形成的,其中不乏曲折、辛酸与艰难。

《资本论》德文第一版仅印刷了1000册,却用了4年时间才卖完。这一事实在今天看来恐怕是令人难以置信的。它首先是由这本书的长度、难度和陌生主题造成的。

对于阅读《资本论》可能存在的困难,恩格斯曾经表达过深深的担忧。早在《资本论》进行排版时,他就已提醒马克思要凝练标题和细分章节。对于广大读者尤其是有学识的读者来说,上述类似于教科书的处理方法才是易于理解的思维方式。马克思接受了恩格斯的建议，但只做了略微的修改。恩格斯看完清样后，向马克思询问道："思想进程经常被说明打断，而且对所说明的问题从未在说明的结尾处加以概括，以致经常从对一点的说明直接进入对另一点的叙述。这会让人感到非常疲倦，要是不全神贯注的话，甚至会感到混乱。"[①]

果不其然，事情的发展证实了恩格斯的判断。英国社会主义者威廉·莫里斯在阅读《资本论》后坦承，他虽然极其喜欢其中关于历史的部分，但在理解经济学部分的内容时陷入了莫大的痛苦与混乱。知名的思想家和专业的理论工作者尚且如此，普通的读者当然也无法"幸免"。他们在阅读《资本论》前面几个比较晦涩的章节时，感到颇为费力。为此，马克思曾专门给他的朋友路德维希·库格曼写信，让他告诉他的夫人，要从"工作日"、"协作"、"分工和工场手工业"和"所谓原始积累"等易懂的章节

[①] 《马克思恩格斯文集》第 10 卷，人民出版社 2009 年版，第 267 页。

读起,并且及时向她解释那些理解不了的术语。

另外,官方资产阶级政治经济学家不断掩盖《资本论》第一卷出版的事实,企图用对待《政治经济学批判。第一分册》的相同方式——"沉默的阴谋"来扼杀这部伟大的著作。

阅读难度和政治因素显然都不足以妨碍深刻思想的传播。作为马克思亲密战友的恩格斯,他们的朋友和战友路德维希·库格曼、弗里德里希·列斯纳、约翰·埃卡留斯,他们的学生奥古斯特·倍倍尔、卡尔·李卜克内西、爱德华·伯恩施坦和卡尔·考茨基等,都对《资本论》作了不同程度的思考与诠释,极大地推动了它的广泛传播。

正如恩格斯向库格曼所谈起的那样:"那些勇敢的庸俗经济学家毕竟是相当聪明的,他们对这本书小心翼翼,不强迫他们,他们就绝口不谈它。"[①] 仅 1867 年至 1868 年间,恩格斯就在德国各种报刊上写了许多关于《资本论》

---

① 《马克思恩格斯全集》第 31 卷,人民出版社 1972 年版,第 569 页。

1868 年 3 月 21 日《民主周报》上刊载的恩格斯为《资本论》第 1 卷写的书评

第一卷的书评。正是因为它在工人和民主派的刊物上获得生动的反应，并在工人中间引起很大兴趣和得到理解，资产阶级学者逐渐被迫谈论《资本论》。

此后，《资本论》的影响力逐渐呈现"燎原之势"。1872 年春天，《资本论》第一卷俄文译本一经面世，印刷的 3000 册中的大部分仅在 1 年内便销售一空。当然，在《资本论》问世的前半个世纪，它主要在英、法、德、美

《资本论》第 1 卷 1872 年法文版扉页

《资本论》第 1 卷 1872 年德文第 2 版扉页

《资本论》第 1 卷 1887 年英文版扉页

《资本论》第 1 卷 1872 年俄文版扉页

等西方国家出版发行。第一次世界大战后,受俄国十月革命的影响,《资本论》不仅在欧美地区得到进一步广泛和深入的传播,还在亚洲的日本和中国以及其他一些地方先后出现了东方文字的译本。随着国际工人运动在第二次世界大战后进入新的历史时期,这本巨著的影响力已经遍及世界各大洲。2008 年国际金融危机爆发,《资本论》在全世界范围内又开始热销。英国路透社援引德国一家出版社的话,"《资本论》2008 年的销量是 2007 年销量的三倍,是 1990 年销量的 100 倍,甚至连银行家和基金经理都开始读《资本论》"。

只要资本还是塑造现代世界的力量,只要资本主义还存在,《资本论》就值得阅读。它根本没有被掩埋在柏林墙的瓦砾中,而是正在显示出它真正的意义,并且持续产生着深远的影响力。经典著作之所以影响恒远,其原因就在于此。

第二章
问世的艰辛历程

《资本论》第一卷即将问世之际，恩格斯对马克思说："这个一辈子也搞不完的东西，使你在身体、精神和经济方面都被压得喘不过气来，我非常清楚地了解，你现在摆脱这个梦魇后，会感到自己像换了一个人似的。"为了给无产阶级锻造出一个强大的思想武器，为了给人类文明发展开辟出新的道路，马克思克服了一切艰难险阻进行着《资本论》的创作。

从《资本论》第一卷初次发表，至今已走过一个半多世纪的历程。时至今日，马克思这位"千年最伟大思想家"对人类文明进程的深远影响力，几乎遍及一切领域。但是，如果试图真正走近马克思，真正走近《资本论》，就必须既走入艰涩难懂的文本中，又走入马克思创作《资本论》的时代背景与生活境况中，去追溯它问世的艰辛历程。

征服世界的历程

呕心沥血数十载

根据马克思的自述，他是在1842—1843年间作为《莱茵报》编辑时接触到"物质利益"的难事，从而开始政治经济学研究的。从这一时期开始摘录和整理政治经济学资料，直到辞世前基本完成《资本论》的写作，整整40年。

马克思 1858 年 4 月 2 日给恩格斯的信,信中论述了经济学著作的写作计划

恩格斯 1863 年 5 月 20 日给马克思的信,信中建议马克思及时完成自己的著作

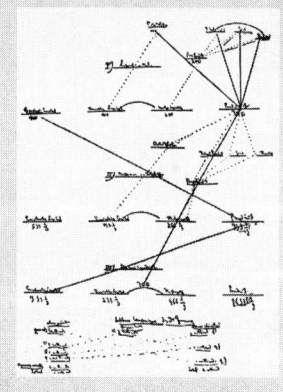

马克思 1863 年 7 月 6 日给恩格斯的信中所附的社会再生产过程图表

马克思 1865 年 7 月 31 日给恩格斯的信,信中介绍了《资本论》的写作情况

马克思和恩格斯关于《资本论》的通信

马克思呕心沥血的这 40 年，是无以名状的。正如他向友人齐格弗里德·迈耶尔写信诉说的那样："我一直在坟墓的边缘徘徊。因此，我不得不利用我还能工作的每时每刻来完成我的著作，为了它，我已经牺牲了我的健康、幸福和家庭。"①

首要表现的就是接踵而来的各种疾病。仅目前可以查阅到的相关书信表明，马克思在此期间曾病倒 18 次之多。长期繁重且无规律的工作和生活，使他的肝病与胃病时常复发；长期的看书和写作，让眼睛和大脑得不到休息，使他害了眼疾与神经衰弱之症；长期的坐姿和缺乏运动，使他患上严重的疖肿与坐骨神经痛。有几次，疖子都布满了马克思全身，以至于他只能笔直地站着，或者只能侧身躺在沙发上一动不动。面对久治不愈的境况，马克思有些"病急乱投医"，尝试服用起各种"偏方"，比如酚油、鸦片和砒剂，但丝毫没有用处。更有甚者，他给自己动了

---

① 《马克思恩格斯文集》第 10 卷，人民出版社 2009 年版，第 253 页。

"手术"。他致恩格斯的信中写道:"至于痈……我拿起锐利的刮脸刀(亲爱的鲁普斯的纪念品)亲手切开了这个坏家伙。……正如洛尔米埃太太所说,脓血一个劲儿地流,简直象喷泉一样。"①

针对马克思的身体状况,医生不止一次告诫他不能进行任何工作。但凭借惊人的毅力,马克思仍然拼命进行着《资本论》的写作。即便实在熬不住病痛的折磨而不得不停止写作时,他还去学习了一些同研究相关的辅助性科目,尤其是外语和数学。马克思把外语看作是"人生斗争的一种武器"。1857 年 5 月,当肝病复发而迫使他一直"泡在药水和丸药里头",并且极度虚弱而无法工作时,为了不虚度光阴,他学习了丹麦语和瑞典语。此外,数学对于马克思而言有一种镇静的效力。在患病和饱受精神折磨的日子里,他时常到数学中寻

19 世纪中期伦敦风貌

---

① 《马克思恩格斯全集》第 31 卷,人民出版社 1972 年版,第 184 页。

19 世纪 60 年代的英国博物馆阅览厅

求一份安宁，研究了大量的数理问题，并且有一些独到的发现。

疾病缠身的巨大痛楚，丝毫没有磨灭马克思创作《资本论》的意志。为了写好这部巨著，他至少阅读和摘录

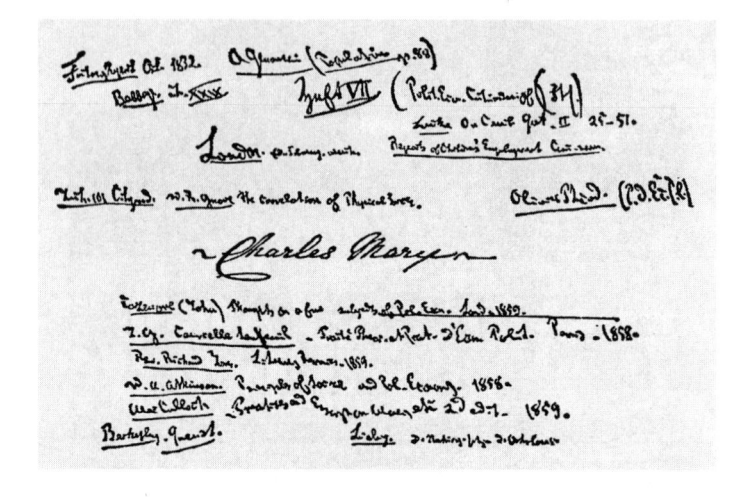

1857—1858年经济学手稿第Ⅶ笔记本的封里

了1500多部书籍，写下了100个以上包含手稿、札记、提纲和短评在内的笔记本。迁居伦敦期间，朝九晚七在大英博物馆览读室进行写作，对于马克思已经是家常便饭。他埋头阅读时常常不自觉地用脚擦地板，久而久之，竟然把水泥地磨出了一道深深的痕迹。除了惊人的毅力与勤奋，马克思写作《资本论》时的呕心沥血还体现在严谨科学的态度上。例如，他为了写出关于英国劳工法的内容，连英国与苏格兰调查委员会和工厂视察员所作的报告都仔细阅读过。众所周知，这份报告曾经由英国议会下发给各个议员，却没有引起他们的任何兴趣。有的议员把它当作废纸论斤卖出，有的议员还拿它来消遣——把它当作靶子，并根据子弹穿透的页数以测量手枪的威力。

《资本论》第一卷即将问世之际，恩格斯曾经对马克思说："使你长期以来呕尽心血的这本该死的书，是你的一切不幸的主要根源，如果不把这个担子抛掉，你就永远不会而且也不能摆脱困境。这个一辈子也搞不完的东西，使你在身体、精神和经济方面都被压得喘不过气来，我非常清楚地了解，你现在摆脱这个梦魇后，会感到自己像换了一个人似的，这主要是因为，当你重新投入这个世界时，会感到它已经不像过去那样黑暗。"[1] 的确如此，为了给无产阶级锻造出一个强大的思想武器，为了给人类文明发展开辟出新的道路，马克思克服了一切艰

---

[1] 《马克思恩格斯文集》第 10 卷，人民出版社 2009 年版，第 248 页。

难险阻。正如他自己所说的那样，即使"整个房子塌下压到身上"，也要完成这部著作。他是这样说的，更是这样做的。

悲惨生活的深渊

除了疾病所带来的痛苦之外，马克思写作《资本论》时面临的"最大的敌人"，莫过于极为窘迫的生活了。马克思曾自嘲说，他接触到了"资产阶级悲惨生活"的深渊。马克思经历的窘迫时光，甚至发展到令人难以想象的地步。有时，他们一家人全部病倒却没钱医治，只能靠面包和土豆来充饥；有时，连订报纸、买邮票和信纸的钱都没有；没有钱付房租、炭火费、水费和子女学费的情况，也时有发生。为了维持生计，马克思几乎典当了全部值点钱的物品，甚至连外套都送去了典当行。由于天气寒冷，没有外套而无法上街，他专门写信向恩格斯借了几个英镑将外套赎回。

原本出身于富足且有教养家庭中的马克思，有着极强的自尊心。他始终抱有这样坚定的信念："必须不惜任何代价走向自己的目标，不允许资产阶级社会把我变成制造金钱的机器。"① 然而，颇有现实反讽意味的是，他在写作《资本论》手稿中的"货币"一章时，恰恰是急需货币的时候。生活的窘困，迫使马克思一再违背自己的信念，时常"为五斗米折腰"。仅仅为了能够赚取每页两美元的低廉稿酬，他就接受了为《美国新百科全书》撰写词条的工作。恩格斯曾安慰马克思说："只要能够换来成色足的加利福尼亚黄金，我们提供'成色足的'知识是很容易的。"②

与此同时，背负的巨大债务压得马克思有些喘不过

---

① 《马克思恩格斯全集》第29卷，人民出版社1972年版，第550—551页。
② 《马克思恩格斯全集》第29卷，人民出版社1972年版，第124页。

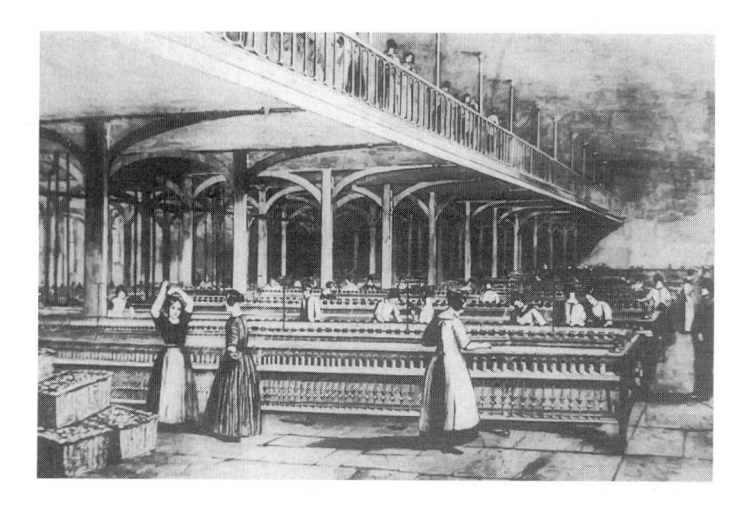

1850 年前后英格兰一家纺织厂的内景

气来。他多次写信给恩格斯表示，宁愿跌入万丈深渊，也不想疲于同日常琐事"作战"而苟延残喘。在加工和整理《资本论》手稿最为紧张的时候，马克思不得已为《纽约每日论坛报》撰写通讯，来补贴灾难性的经济状况。他还专门去铁路部门求职，但只进行了面试就因为他那潦草和吓人的书法被拒绝了。

在恩格斯那里一次性收到 100 英镑，从拉萨尔那里得到 60 英镑援助，赴荷兰从远房表舅那里获得 160 英镑，从燕妮祖父那里继承了 100 英镑遗产……尽管付出了种种努力，可马克思的经济状况一点也没有改善。1861 年秋天，马克思仍有高达 100 英镑的债务。他向恩格斯诉苦道："没有任何收入而又不可能在哪一天全部还清债务的状况，不管得到什么帮助，总是一再使旧日的沉渣泛到表面上来。"① 当债主们如同"一群饿狼"般向马克思追逐而来时，他只得装作还没有从曼彻斯特的旅行中回来，以此进行躲避。

由于家庭生活的穷困潦倒与动荡不安，马克思夫妇先后有四个孩子夭折。次子吉多和三女儿费兰契斯卡，都只活了 1 岁多。而安葬这个女孩的费用，竟是从邻居那里借来的。1855 年 4 月，年仅 8 岁的长子埃德加尔被肠结核病夺去生命，使马克思感到莫大的痛苦，在蒙受各种不幸之后，他"懂得什么是真正的不幸"。1860 年 11 月，当马克思疲于同卡尔·福格特论战时，燕妮患上了严重的神

---

① 《马克思恩格斯全集》第 30 卷，人民出版社 1975 年版，第 209 页。

恩格斯（19世纪60年代中期）

经热，并被确诊为天花。在燕妮生病之后，家庭的窘况更加严重了。为了避免刺激燕妮脆弱的神经，马克思竭力掩盖那些糟糕的消息。除了希望最糟糕的情况有所改善外，他在生活中已然别无他求。在这段时期，焦虑和急躁不可避免地向马克思袭来，以至于他情绪失控而同恩格斯之间发生了唯一的一次严重争吵。不要忘了，恩格斯可是马克思在这段悲惨岁月里最大的慰藉，他不仅在物质上，更是在精神上，不断支持着马克思。

  1864年后，来自母亲的1000英镑遗产和友人威廉·沃尔弗的几百英镑遗产，解决了马克思的燃眉之急。他们全家都搬进了莫丹那别墅1号中，不仅每个女儿都有了自己的房间，马克思也有了一个可以俯瞰公园的书房。正是在这个房间中，他完成了《资本论》第一卷的写作。此后，马克思又陷入窘困的经济状况中，但他并没有放弃《资本论》余下卷次的写作。这位伟大的思想家和革命家，就是在承受巨大精神压力和严重生活苦难的情况下，完成《资本论》写作的。仅凭这一点来说，难道不令世人钦佩吗？

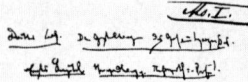

《资本论》第 2 卷手稿中的一页

《资本论》第 2 卷第 3 篇编辑稿第 195 页,左栏为恩格斯的助手奥斯卡尔·艾森加尔滕抄写的文字,恩格斯作了修改和补充

流亡政治的产物

马克思写作《资本论》的历程，同时是其从事革命斗争的真实写照。他一边埋头写作，一边迫切地期待着革命的"暴风雨"再次降临欧洲大陆，从而检视他对资本主义的"秘密"所作的分析与预言。

写作《资本论》的时光，无疑是马克思参加社会革命活动和进行革命理论研究最为紧张的年代。1847年，他和恩格斯将正义者同盟改组为共产主义者同盟，并于1848年起草了《共产党宣言》。他们认为，资产阶级已经完成其使命，且即将被它自身的矛盾所埋葬。现代工厂制度驱使孤立的工人到工厂中劳动，正好为无产阶级联合成为一股不可阻挡的力量创造了条件。1864年9月28日，国际工人协会（第一国际）在伦敦成立。作为这个协会的灵魂人物，马克思为之起草了第一个宣言以及大量的决议和声明。

马克思学习俄语时作的语法图表

更为紧张的革命活动与理论工作，极大地损坏了马克思的健康。尽管如此，他还是收集了大量的研究资料，学习了俄语等好几种语言，以便进行批判政治经济学和完成《资本论》的工作。对于马克思来说，写作《资本论》的时间是如此的宝贵与紧张，他为此诙谐地自嘲说：我们在努力争取8小时工作日，可是我自己却常常一昼夜做超过两倍于8小时的工作。

从事革命斗争的直接后果是，马克思成为"世界公民"，过上了颠沛流离的生活。1845年2月，由于在《前进报》中撰稿抨击和嘲讽普鲁士国王弗里德里希·威廉四世，他被法国当局驱逐出境。当时，欧洲大陆唯一愿意接纳马克思的国家就是比利时，却要以他书面保证不再发表任何谈论政治的作品为条件。随后，马克思宣布脱离普鲁士国籍，自此再也没有取得任何其他国家的国籍。1848年法国二月革命爆发后，巴黎临时政府邀请马克思返回巴黎。不过，仅在巴黎短暂停留一个月后，他便前往科隆，希望在德国扩大革命。

同以往一样，马克思仍选择文字作为"批判的武器"，创办了《新莱茵报》。可是，这份报纸却在它存在的短暂时间内，不断经受着来自普鲁士官方的各种责难：1848年7月，马克思因欲加之罪"侮辱或诽谤首席检察官"而受到法庭传唤；9月，接到判决，刊物被科隆当局勒令停止出版一个月；1849年2月，他又被指控为"煽动革命"，但凭借其在法庭上的精彩论辩而被宣判为无罪；5月，普鲁士政府对《新莱茵报》编辑部半数成员提起诉讼，同时建

用红色油墨印刷的《新莱茵报》终刊号

议将马克思在内的失去公民权的另外一半成员驱出国境。

此后,马克思再次返回巴黎,却发现面临着反动的保皇党人执政的不利局面。更为可憎的是,巴黎当局竟然命令将他驱逐到霍乱肆虐的莫尔比昂省。于是,他只得前往唯一肯收留革命流亡者的英国避难。他还给恩格斯写信说:"你必须立即前往伦敦。而且为了你的安全也需要这样做。""没有什么妨碍你去伦敦……只要你一声明愿意去英国,你就能在法国大使馆得到去伦敦的一次性通行证。"[①]1849年8月27日,马克思乘船前往伦敦,开始《资本论》的正式写作,直到去世也没有离开。

从上述意义上讲,《资本论》是流亡政治的产物。曾几何时,在欧洲各国政府之间尚未达成互遣政治犯条约的情况下,巴黎、苏黎世和日内瓦等城市,同伦敦一道,成为革命流亡者的"第二故乡",以及他们重返革命舞台的根据地。然而,当欧洲大陆逐步沦为反革命势力范围时,

---

[①] 《马克思恩格斯全集》第48卷,人民出版社2007年版,第93页。

伦敦仍然自由地接纳着流亡者，并成为他们活动的中心。著名马克思传记作家弗兰茨·梅林曾评论道，英吉利这个"贪婪而妒忌的小店主"，要比那些欧洲大陆国家更有自尊和自信。可能正是缘于此，马克思才能在这个国家完成《资本论》的写作，并且不会因旨在推翻资本主义社会的研究和宣传而遭到政治迫害。

第三章
观照资本主义社会

从语言风格来说,《资本论》并非晦涩反而可读。马克思信手拈来诸多神话故事,旁征博引各种文学作品,运用隐喻的手法,对资本主义社会这一不断处于变化中的复杂有机体,作了系统且丰富的描述。

从整体上观照和把握资本主义社会，是马克思写作《资本论》的主旨之一。在这部浸透着他长达 40 年思考的巨著中，马克思对其心目中的社会图景、历史图景、理论图景和思想图景，作了系统且丰富的描述。资本主义社会自身作为复杂有机体的属性，决定了诠释它的极大难度。为了形象地描绘这个社会，马克思信手拈来诸多神话故事，旁征博引莎士比亚、歌德、巴尔扎克等文学巨匠的作品，运用隐喻的手法来诠释具体观点。在此意义上，著名学者大卫·哈维的如下评论是极为中肯的："《资本论》第一卷这样一本大部头，因其文学风格、幽默的火花、尖锐的讽刺和横扫千军的气势而十分可读。"

资本主义阶段不可跨越吗？

柏修斯的隐身帽

熟悉马克思思想的人都知道，其思想起源期主要受

马克思的大女儿燕妮·龙格

到近代启蒙主义、浪漫主义和人文情怀的影响。其中，文学作品与神话故事可谓是马克思不断成长的"必修课"。早在波恩大学主修法学专业期间，他就已选修了"希腊罗马神话"、"荷马问题"这两门课程，并得到了授课教师"极为勤勉和用心"的评价。从一份马克思本人所写的《自白》

中，我们可以看到：他喜爱的诗人有但丁、埃斯库罗斯、莎士比亚和歌德；喜爱的散文家有狄德罗、莱辛、黑格尔和巴尔扎克。①大量的文学经典作品是马克思的必读之物，在塑造他以极高的人文素养的同时，也为其思想创作奠定了扎实的基础。

在《资本论》及其手稿中，引经据典已经成为常态。

马克思曾明确表示，他是以当时较为发达的和典型的英国为范本，来研究资本主义生产方式，以及与之相适应的生产关系和交换关系。在当时，英国显然站在了现代资产阶级发展的最前列，而德国却仍然艰辛和缓慢地从内战的破坏中进行恢复。当崇尚思辨精神的德国人读到《资本论》时，当他们看到这里面描绘的工人阶级的悲惨境遇时，恐怕只能由于不理解而伪善地耸耸肩膀，或者干脆充耳不闻，心中窃喜德国的情况远没有那样糟糕。

---

① 参见《马克思恩格斯全集》第31卷，人民出版社1972年版，第709—710页。

为了刻画出德国人的这种愚昧无知，马克思引用了柏修斯斩杀美杜莎的神话故事。相传，美杜莎是蛇发女妖三姐妹（她们合称为"戈尔贡"）之一，凡是看到她眼睛的人都会立刻变为石头。后人经常用"美杜莎的头"来形容可怕的东西。一次，宙斯之子柏修斯前往塞浦路斯国王的宴会，却忘记了带礼物。于是，他允诺今后可以带任何国王想要的东西来作为补偿。不怀好意的国王妄图害死柏修斯，竟然说要美杜莎的头。年轻好胜的柏修斯不知其中深浅，一口答应了下来。幸有女神雅典娜相助，他顺利地用钻石宝剑砍下美杜莎的头，然后戴上隐身帽，躲开美杜莎的两位姐姐的寻仇，穿上飞天鞋离开。

工人阶级受剥削的情况以及居住和营养条件等，无疑就是"美杜莎的头"。正如马克思所说："德国和西欧大陆其他国家的社会统计，与英国相比是很贫乏的。然而它还是把帷幕稍稍揭开，使我们刚刚能够窥见幕内美杜莎的头。"[①]

[①] 《马克思恩格斯文集》第 5 卷，人民出版社 2009 年版，第 9 页。

柏修斯用隐身帽斩妖除怪，愚蠢的德国人却用隐身帽来遮住耳目，以便有可能否认"美杜莎的头"的存在，真是可笑！

德国人上述自欺欺人的做法，在马克思看来，有着极为严重的后果。尽管经济落后的德国与经济发达的英国之间有着极大的差别，但工业发达国家向工业落后国家所昭示的，一定程度上不正是后者未来发展的景象吗？英国的社会变革过程已经十分明显，当它达到特定的阶段后，一定会波及欧洲大陆。在资本的本性即不断实现价值增殖的驱使下，资本家作为人格化的资本，势必会最大限度地榨取工人的剩余价值。社会道德与人道主义在他们面前一文不值，哪怕在他们心中还残存着较为高尚的动机。至于他们采取较为残酷的还是较为人道的剥削形式，将视工人阶级自身的发展程度而定。正如18世纪美国独立战争给欧洲资产阶级敲响警钟一样，19世纪美国南北战争已经给欧洲工人阶级敲响警钟。工人阶级除了联合起来进行变革社会的反抗之外，别无他法。

鉴于此，在《资本论》的"序言"中，马克思引用了古罗马诗人和批评家昆图斯·贺拉斯《讽刺诗集》中的一句话，以唤醒"掩耳盗铃"的德国人："只要换一个名字，这正是说的阁下的事情！"

庞大的机械怪物

马克思生活的时代正值工业资本主义时期，机器大工业取代工场手工业是当时的普遍景观。所谓机器大工业生产体系，不是单个的机器，而是复杂的机器体系；其表征的不是纯粹的生产工具革新，而是生产方式或生产关系的根本性变革。在《资本论》中，马克思将机器大工业生产体系比作为一个"庞大的机械怪物"，并刻画出它运作的图景："它的躯体充满了整座整座的厂房，它的魔力先是由它的庞大肢体庄重而有节奏的运动掩盖着，然后在它

19 世纪的工业城市曼彻斯特

的无数真正工作器官的疯狂的旋转中迸发出来。"[1]

那么,这个"庞大的机械怪物"究竟是个怎样的存在呢?

马克思继续写道,发达的机器或机器体系是这个"怪物"的"肉体"。正如在裁缝出现以前人们就已经穿上衣服一样,蒸汽机、走锭纺纱机等在专门制造它们的工人出现以前就已经存在。发达的机器与工具之间不是形式上的

---

[1] 《马克思恩格斯文集》第 5 卷,人民出版社 2009 年版,第 438 页。

差别，而是本质上的差别。早在手工业生产中，很多工具本身便已经是机器了，但还无法成为18世纪工业革命的起点。作为工业革命起点的机器体系，用这样的一个机构代替了只使用工具的工人：在单一动力的推动下，用许多相同的或同种的工具一起作业。换句话说，所有发达的机器都由发动机、传动机构、工具机或工作机这三个本质上不同的部分组成。只要单个的机器还由人来推动时，它始终只是一种小机器；只要蒸汽机尚未代替牲畜、风力和水力等现成的动力时，机器体系就不可能得到自由的发展；只要机器还依靠操纵它的个人的力量与技巧时，大工业就得不到充分的发展。不可否认，工场手工业为大工业提供了直接的技术基础，也就是大工业特有的生产资料即机器本身，却也加速了它自身的消亡。"工场手工业生产了机器，而大工业借助于机器，在它首先占领的那些生产领域排除了手工业生产和工场手工业生产。"[①]

[①] 《马克思恩格斯文集》第5卷，人民出版社2009年版，第439页。

既然机器生产是在与之不相适应的物质基础上自然兴起的，那么，当它发展到一定程度时，必然会推翻这个基础本身，并建立起同它自身生产形式相适应的新基础。诚然，这个新基础的建立，要以机器体系为载体；但是，光有机器仅仅是满足了物质条件，还依赖于现代工厂制度下的工人，后者构成了"机械怪物"的"血液"。就像血液和肉体的关系一样，在现代工厂中，机器体系作为"死结构"独立于工人而存在，而工人被当作"活"的附属物并入"死机构"中。相反，在工场手工业中，工人则是"活机构"的肢体。马克思指出，在前一种场合，工人只能跟随劳动资料的运动，是工人"服侍"机器；在后一种场合，劳动资料的运动则是从工人出发，是工人利用工具。显然，现代工厂制度将人和物的正常关系颠倒了过来，使劳动资料取得了同劳动者相异化的状态。

现代工厂制度的确立虽然使资本主义生产得到飞速的发展，但它具有的"巨大的跳跃式的扩展能力"，必然将导致一系列负面效应，诸如生产过剩、危机和停滞等。马克思将它描绘为"热病似的生产"。更重要的是，随着机器体系的发展，劳动者同劳动资料之间成为完全对立的状态，出现工人破坏机器的粗暴反抗行为，进而成为消灭"机械怪物"的"萌芽"。

十全十美的最美好世界

在资本家眼中，资本主义社会无疑是最美好的世界，一切都按照既定的秩序运行。工人阶级并未表现出对已有社会制度的任何怀疑，哪怕他们的生活已经到了最悲惨的地步。在他们看来，按劳取酬是天经地义的事情，它符合自罗马法以来就推行的契约关系。早在古罗马时期，随着商品经济的发展，就产生了一些关于商品交换关系的法律。这些法律的基本原则在罗马法中被凝练为以下对等的

19世纪德国开姆尼茨一家工厂的车间

四个公式：我给，为了你给；我给，为了你做；我做，为了你给；我做，为了你做。它们分别规范着授物与授物之间的交换、授物与行为之间的交换、行为与授物之间的交换、行为与行为之间的交换。

马克思在《资本论》及其手稿中多次提及这四个公式，意在揭示资本主义生产方式下，劳动力的价值或价格转化为工资的必然性。他写道，作为劳动力价值（价格）转化形式的工资，却表现为劳动的价值（价格）。这种歪曲的反映关系，从法的观念出发是无法被察觉出来的。在人们的感觉上，资本和劳动之间的交换（我给，为了你做），同普通商品之间的交换（我给，为了你给）一样，都是一方付出货币，另一方付出商品。买卖双方在法律上是平等的，他们所能感觉到的只是买卖的商品不同而已。

可是，在劳动力沦为商品的情况下，资本家实际付给工人的工资，绝不是后者劳动所创造的全部价值。正如已经卖出去的油的使用价值不再归油商所有一样，货币占有者即资本家的"幼虫"，一旦支付了劳动力的日价值，劳动力一天的使用即工人一天的劳动就归他所有。维持劳动力一天的费用远远小于一个工作日，而它却能发挥作用或劳动一整天，因此，劳动力使用一天所创造的价值，比劳动力自身一天的价值要大得多。这就是被资本家无偿占有的剩余价值的来源。

这种明显的不公平，在资本主义社会中竟然成为顺理成章的事情。"问题的一切条件都履行了，商品交换的

19 世纪 50 年代的伦敦

各个规律也丝毫没有违反。等价物换等价物。"① 对于买者来说，这是一种"特别的幸运"；对于卖者来说，也绝不是不公平。实际上，看似如此"幸运"的资本家早已经预见到上述情况，他此时或许已经笑得合不拢嘴了，像极了歌德笔下的浮士德刚看到鬈毛狗的本色——身着游方学者服装从炉后走出的梅菲斯特——时的样子。

借用伏尔泰小说《老实人》中的格言，马克思刻画出了资本家的心理状态："在这个最美好的世界上，一切都

---

① 《马克思恩格斯文集》第 5 卷，人民出版社 2009 年版，第 227 页。

十全十美。"在这部小说中,以这句格言为人生信条的"老实人"甘迪德,其一生的经历都讽刺性地否定了这一说法。他与男爵的女儿居内贡小姐自由恋爱,却被偏见极深的男爵踢出了大门;他满以为随心调动双腿是人和动物共有的权利,竟因为一次自由行动而挨了四千鞭子,被打得鲜血淋漓、皮开肉绽;在战场上,他看到两军互相厮杀,惨无人道;在流浪中,他几乎没有见到过一个好人,看到的尽是人与人之间、家庭与家庭之间乃至城市与城市之间的相互倾轧;他曾被误认为是异教徒而险些被宗教裁判所活活烧死,而后又在巴黎被骗子神甫盘剥一空……显而易见,马克思在此意在说明:在"合情合理"和"十全十美"的背后,隐藏着一点也不美好的资本主义剥削的秘密,这就是:资本家对工人劳动价值的尽情榨取。

第四章
辩证的哲学思想

《资本论》既不是单纯的经济学著作，也不是简单地运用与检验唯物史观的哲学著作。这座思想高峰本身包含着宽广的思想视野、深邃的历史意识和丰富的哲学蕴含。走进《资本论》的思想世界，呈现在我们面前的首先是充满辩证法色彩的各种描述。

受现代学科划分的影响，人们习惯于将《资本论》定性为关于某一学科的著作。单纯的政治经济学著作，或者运用与检验唯物史观的哲学著作，这是人们所普遍接受的且影响根深蒂固的观点。上述观点固然具有部分合理性，但用现代学科的视域去衡量和界定马克思的工作所指与所属，显然有违他的原意。一旦走向极端或绝对化，就不可避免地陷入"盲人摸象"的误区，乃至故步自封，偏执于《资本论》著作形式的争论，完全忽略了这座"思想高峰"本身包含的宽广的思想视野、深邃的历史意识和丰富的哲学蕴含等。对于理解与诠释马克思的思想来说，这是典型的本末倒置。走进《资本论》的故事世界，呈现在我们面前的首先是充满辩证法色彩的哲学思想。

一位大思想家的学生

谈及《资本论》中的哲学思想,"黑格尔"始终是无法绕开的话题。《资本论》第一卷甫一问世,德国知识界就有过关于马克思的研究方法与黑格尔辩证法之间关系的诸多争论。这其中既有"充满黑格尔式诡辩"、"直接照搬黑格尔辩证法"之类的无端指责,也有一些为马克思辩护的善意误读,直言《资本论》研究方法的性质是严格的实在论,而叙述形式"不幸"是德国辩证法的,因而"决不能把马克思称为唯心主义者"。前一方以欧根·杜林、尤利乌斯·孚赫为代表;后一方的代表人物是伊·伊·考夫曼。从实际造成的后果来看,误读远比指责严重。对此,马克思只能在《资本论》第一卷再版时略带无奈地反讽道:"这位作者先生把他称为我的实际方法的东西描述得这样恰当,并且在谈到我个人对这种方法的运用时又抱着这样的好感,那他所描述的不正是辩证方法吗?"①

巨大的争议使得马克思意识到,必须公开澄清他和黑格尔之间的思想关系。伟大思想家之间的错综复杂关系,显然不是"继承"、"对立"之类的简单语句便能盖棺定论的。马克思从不否认其深受黑格尔哲学思想的影响。以康德、谢林、费希特和黑格尔等为代表的德国古典哲学,能够成为德国哲学的经典形式,盖因其议题、概念和方法等作为一种范本,深刻影响了后人的思维模式。出生于1818年的马克思,自

乔治·威廉·弗里德里希·黑格尔(1770—1831),德国唯心主义哲学家,德国古典哲学的主要代表

---

① 《马克思恩格斯文集》第5卷,人民出版社2009年版,第21页。

然也不例外地成为这些先哲的思想追随者。与此同时,他并不是盲目的崇拜者,而是用批判的眼光来审视黑格尔哲学,从其大学期间写的一篇题为《黑格尔》的讽刺短诗的一则中可见一斑:

> 我教授的语言已变得错杂纷纭、一片迷茫,/每个人爱怎么理解,完全可以按照他自己的愿望。/我的语言至少绝不会束缚每个人的想象,/因为正像一个诗人可以从悬崖的瀑布的喧响/听出心上的姑娘倾吐的情话和衷肠,/他可以怎么想,就怎么认识,有所感触,便变成思想,/所以每个人都可以啜饮这智慧的玉液琼浆,/我给诸位揭示一切,因为我实际上什么都没有讲!①

19世纪40年代,黑格尔辩证法在德国知识界十分流行。涉世不久的马克思非但没有追逐"时髦",却"反其道而行之",主张用"高卢雄鸡的高鸣"取代"等待黄昏

---

① 《马克思恩格斯全集》第1卷,人民出版社1995年版,第735—736页。

到来才起飞的密纳发的猫头鹰"（黑格尔语），来宣布"德国复活日"的到来。他强调哲学应当冲破单纯解释现实世界所形成的封闭体系，实现改变现实世界的作用。只有在社会主义的前提下，通过感性活动、实践和现实的活动来扬弃私有财产——而不仅仅是自我意识重新掌握它的对象性本质这种抽象思维上的"行动"——才能重新充实人的本质和重新证明人的力量，实现人向自身的真正复归。

马克思对黑格尔哲学的认识绝非一成不变。到了《资本论》写作之时，他一经认识到黑格尔辩证法在解释世界方面所具有的部分合理性，便立即修正自己的观点，借用它来表述价值、货币和资本的关系，以及资本的诸形态间的关系，从而实现了逻辑和历史的统一。恩格斯对此评论道："采用这个方法时，逻辑的发展完全不必限于纯抽象的领域。相反，逻辑的发展需要历史的例证，需要不断接触现实。"[1]

---

[1] 《马克思恩格斯文集》第 2 卷，人民出版社 2009 年版，第 605 页。

时过境迁，在黑格尔彼时已经被德国知识界的发号施令者们，如弗里德里希·朗格和古斯塔夫·费希纳等，当作"死狗"般对待的情况下，马克思仍敢于挑战"权威"，公开承认自己"是这位大思想家的学生"，甚至在《资本论》的个别章节中"卖弄起黑格尔特有的表达方式"。科学严谨、冷静客观，从他在《资本论》中对待黑格尔的态度上，我们看到了一个真实的、情感饱满的马克思的鲜活形象，而不是高高在上、供人顶礼膜拜的"神像"一般，批判和敌视一切传统。

辩证法的批判本质

哲学自从掌握了辩证法后，就像打开了世界的一扇大门。在马克思与黑格尔的思想关系中，辩证法是处于核心位置的议题。黑格尔作为辩证法的集大成者，虽然在理解观念与现实的关系方面存在明显的缺陷,但在揭示现实世界的运动及其规律方面具有一定的合理性。正如恩格斯在评论马克思《政治经济学批判。第一分册》时所说:"形式尽管是那么抽象和唯心,他(黑格尔——笔者注)的思想发展却总是与世界历史的发展平行着,而后者按他的本意只是前者的验证。真正的关系因此颠倒了,头脚倒置了,可是实在的内容却到处渗透到哲学中。"①

列宁说过这样一句名言:"不钻研和不理解黑格尔的全部逻辑学,就不能完全理解马克思的《资本论》,特别是它的第1章。"②纵览马克思写作《资本论》及其手稿的40年历程,批判和改造黑格尔辩证法成为贯穿其中的一条重要线索。他早在写作《巴黎手稿》时期,就立足于异化劳动来分析错综复杂的资本主义社会结构,将矛头直指黑格尔描绘的历史辩证运动,在批判其唯心性质的同时,肯定了黑格尔辩证法的伟大之处,这就是"抓住了劳动的

---

① 《马克思恩格斯文集》第 2 卷,人民出版社 2009 年版,第 602 页。
② 《列宁全集》第 55 卷,人民出版社 1990 年版,第 151 页。

本质，把对象性的人、现实的因而是真正的人理解为人自己的劳动的结果"①。到了正式写作《资本论》书稿时，他更加注重批判性地运用黑格尔辩证法来加工政治经济学的材料，还为此对黑格尔《逻辑学》的有关章节专门作了摘抄。他不止一次在私人信件中透露出要写作一本关于辩证法的书的打算，以去除黑格尔加在辩证法的真正规律上面的神秘形式。

人们不禁要问：《资本论》中的辩证法究竟是什么样子呢？它是否为我们今天所耳熟能详的唯物辩证法的基本内容呢？

不可否认，《资本论》中随处可见体现"两大观点"、"三大规律"和"五对范畴"的句段，但不可以据此将它理解为对上述基本原理的简单应用与检验。后一种理解甚至可以说是直接退回到了黑格尔辩证法，因为它将现实事物仅仅看作是思维过程的外部表现。与之相反，马克思的辩证

---

① 《马克思恩格斯文集》第 1 卷，人民出版社 2009 年版，第 205 页。

法强调:"观念的东西不外是移入人的头脑并在人的头脑中改造过的物质的东西而已。"① 在他看来,所谓先天的范畴和原理并不存在,且不能推广到一切社会形式中。每个原理都有其出现的世纪。不是世纪属于原理,而是原理属于世纪;换句话说,不是原理创造历史,而是历史创造原理。只有在彻底"解剖"完资本主义社会的基础上,才能揭示出现代社会的经济运动的辩证规律:经济繁荣与经济萧条的交替循环。

只要资本主义生产方式存在,就无法摆脱这种循环。用马克思的话说,这是既不能跳过也不能用法令取消的自然发展阶段。掌握资本主义社会的辩证运动规律,只能缩短和减轻它"分娩"的痛苦。这个辩证运动的顶点就是经济危机。如果资本的增殖总是以榨取剩余劳动为基础,那么它将总会与资本同时具有的无限发展社会劳动生产力的驱动力相矛盾:一方面,同时作为劳动者和消费者的工人,

---

① 《马克思恩格斯文集》第 5 卷,人民出版社 2009 年版,第 22 页。

只能得到购买维持自身劳动力的生活资料的工资，也就是说，他们的消费受到了极大的限制；另一方面，资本主义生产没有限制地发展生产力，似乎整个社会具有绝对的消费能力。这两方面的矛盾，正是一切现实的危机的原因所在。

资本主义生产方式包含着自我否定的方面。在对现存事物的肯定理解中同时包含对它的否定理解，即现存事物（资本主义制度）的必然灭亡，这才是马克思认为的辩证法的合理形态。由于资产阶级代言人只颂扬辩证法的神秘形态，即它对现实事物的全部的和绝对的肯定，也就是黑格尔所谓的"存在即合理"，所以辩证法在其合理形态上必然会引起他们的恼怒与恐慌。为此，马克思在《资本论》第一卷德文第二版"跋"中，写下了这段足以撼动整个资本主义社会的话："辩证法对每一种既成的形式都是从不断的运动中，因而也是从它的暂时性方面去理解；辩证法不崇拜任何东西，按其本质来说，它是批判的和革命的。"[①]

[①]《马克思恩格斯文集》第 5 卷，人民出版社 2009 年版，第 22 页。

认识社会有机体的方法

作为"爱智慧之学",哲学曾被人们赋予了各种含义,至今未有定论。作为人对其自身与外部世界的认识方式,哲学在一定的意义上可以理解为观照和把握复杂社会的方法。唯物史观即是如此。在透视和诠释各种错综复杂的社会现象时,马克思将整个社会看作是一个复杂的有机体。《资本论》就是对此最好的注解。19世纪的欧洲和北美,资本关系和土地所有权关系的变化日趋明显,并成为"紫衣黑袍"都无法遮掩的时代标志。这至少已经表明,现代资本主义社会"不是坚实的结晶体,而是一个能够变化并且经常处于变化过程中的有机体"[1]。

众所周知,现实的个人是社会的"细胞"。整个社会

---

[1] 《马克思恩格斯文集》第5卷,人民出版社2009年版,第10—13页。

就是由形形色色按照各自主观意愿行事的人组成的,其发展趋势及规律深埋于无数意见、计划、情绪、意愿所导致的各种表面现象之中。摆在人们面前的迫切任务是,"游过"由诸多表面现象所构成的"汪洋大海"而达到"彼岸"。为了剖析复杂而变幻莫测的社会有机体,马克思提出了劳动与实践、生产力与生产关系、经济基础与上层建筑、社会存在与社会意识、社会革命与共产主义等概念,从理论上再现了各种社会现象之间的内在关联,揭示了现代社会运动和发展的原因、途径及趋向,从而使得纷繁复杂的社会生活展现出井然的秩序。这无疑是哲学与历史观上真正重要的变革。由此就不难理解马克思甚至为物理学家们所赞许。当代著名物理化学家普利高津将他称为"现代系统论的鼻祖"和"社会结构学说的奠基者"。

不仅如此,马克思还凝练出诸多具有历史哲学高度的认识社会有机体的方法。有别于今天广为人知的认识论基本原理,诸如认识的本质及规律、真理与价值的辩证关系、认识与实践的统一等,以及它们呈现出来的抽象形式，马克思在《资本论》及其手稿中形象地阐述出"普照光方法"、"人体解剖方法"、"从后思索的方法"、"抽象—具体方法"等。这样才是伟大思想家轻车熟路驾驭深邃思想的真实写照。

马克思究竟如何讲述出这些方法呢？

以"普照光方法"为例，它揭示的是社会所有制性质的决定作用。"在一切社会形式中都有一种一定的生产决定其他一切生产的地位和影响，因而它的关系也决定其他一切关系的地位和影响。这是一种普照的光，它掩盖了一切其他色彩，改变着它们的特点。这是一种特殊的以太，它决定着它里面显露出来的一切存在的比重。"[1]

马克思写道，农业可以说是人类社会最初的生产方式，任何社会形式中或多或少都有土地所有制。可是，这绝不意味着解剖资本主义社会要从地租开始。这是再错误不过的做法了。土地所有制的作用与地位取决于它所属的

---

[1] 《马克思恩格斯文集》第 8 卷，人民出版社 2009 年版，第 31 页。

社会形式的性质。在游牧民族社会，如斯拉夫公社中，农业生产活动是按畜牧业的生产方式进行的，土地所有制带有畜牧业生产方式的性质。在定居耕作的民族社会、古代社会和封建主义社会，如古罗马社会和欧洲中世纪社会中，土地所有制发挥着根本性作用，工业完全附属于农业，城市中的工业组织及其社会关系也模仿着乡村组织的形式。到了资本主义社会中，大工业生产成为整个社会生产的主导力量，农业逐步变为一个工业部门，完全受资本及资本逻辑所支配，地租和土地所有制亦不例外。不懂得资本便不能懂地租，不懂得地租却完全可以懂资本。

"人体解剖方法"这个提法也颇为生动而深刻。资本主义社会虽然倾覆了旧的社会结构和生产关系，但自身不可避免地包含着一些旧的社会形式的"残片"，同时使在旧的社会形式中只是征兆的东西得到充分的发展。这就正如马克思所说："人体解剖对于猴体解剖是一把钥匙。反过来说，低等动物身上表露的高等动物的征兆，只有在高等动物本身已被认识之后才能理解。"① 只要通过对资本主义社会的结构及各种范畴的剖析,就能够完全透视旧的社会形式中残存的和未能得到充分发展的事物。因此,"分析经济形式,既不能用显微镜,也不能用化学试剂。二者都必须用抽象力来代替"②。

---

① 《马克思恩格斯文集》第 8 卷,人民出版社 2009 年版,第 29 页。
② 《马克思恩格斯文集》第 5 卷,人民出版社 2009 年版,第 8 页。

第五章
批判的经济理论

"政治经济学批判"是《资本论》一书的副标题。以资产阶级政治经济学为批判对象,运用新的哲学方法和历史观,马克思在《资本论》中通过反复考察政治经济学的基本范畴与重大议题,"科学地表述了对社会关系具有重大意义的观点"。

由《资本论》的副标题"政治经济学批判"可以得知,马克思是在批判政治经济学这门"显学"的基础上,以完成对资本主义社会的整体观照。批判并不意味着全部的否定;相反,正是因为资产阶级政治经济学——不论是它的古典形式,还是它的庸俗形式——在很大程度上揭示出资本主义社会的经济运行过程及其规律,才使得它具有值得肯定和被批判的价值。没有任何重大价值的理论体系,是不值得被批判的。在这个意义上来说,"在批判基础上的重新建构"才是批判的完整内涵。自尝试解决物质利益这个"苦恼的疑问",并意识到只有在资本主义社会内部才能找寻解决它自身的内在冲突时起,马克思终其大半生都不断地在运用新的哲学方法和历史观,反复考察政治经济学的基本范畴与重大议题,"科学地表述了对社会关系具有重大意义的观点"[1],从而作出独特的马克思主

---

[1] 《马克思恩格斯全集》第29卷,人民出版社1972年版,第546页。

义政治经济学的表达和建构。

商品拜物教的秘密

《资本论》开篇就向人们展示出一个幽灵和幻影的世界,它虽然没有像《共产党宣言》的首句("一个幽灵,共产主义的幽灵,在欧洲游荡")那样引人注目,但还是揭示出相似的内容。在这个现代世界中,从最简单元素开始的所有事物,都不再像它们看起来的那个样子。"资本主义生产方式占统治地位的社会的财富,表现为'庞大的商品堆积',单个的商品表现为这种财富的元素形式。"① 当时司空见惯、大量堆积的商品,不仅仅是一个简单的经济现象或事实,而是蕴含着诸多复杂现实内容、

---

① 《马克思恩格斯文集》第 5 卷,人民出版社 2009 年版,第 47 页。

《资本论》第 1 卷中印有马克思献词的一页

体现出资本的强大创生力量、映现出个人不同生活境况和历史命运的事物。这就正如马克思所说:"最初一看,商品好像是一种简单而平凡的东西。对商品的分析表明,它却是一种很古怪的东西,充满形而上学的微妙和神学的怪诞。"①

为了便于读者的理解,马克思以一件上衣和麻布的交换为例,进行了篇幅较长且愈加深刻的形象化说明。他写道,作为商品的上衣只是使用价值,它同任何一块麻布一样,不表现(交换)价值。上衣在同麻布的价值关系中,比在这种关系之外,多一层意义。作为使用价值,上衣和麻布是不同的;然而,作为价值,上衣和麻布却又是一样的,都是凝结在它们身上的单纯劳动的体现。"麻布就这样取得了与它的自然形式不同的价值形式。它的价值存在通过它和上衣相等表现出来,正像基督徒的羊性通过他和上帝的羔羊相等表现出来一样。"②

上衣和麻布在价值关系上的同质性,意味着它们之间可以进行等量的交换。一件上衣等于二十码麻布,这表明上衣在作为使用价值实现以前,必须先作为价值来实现。在上述过程中,对上衣来说,麻布只是它本身价值的

---

① 《马克思恩格斯文集》第5卷,人民出版社2009年版,第88页。
② 《马克思恩格斯文集》第5卷,人民出版社2009年版,第66页。

表现形式。所有的商品皆是如此。同时，商品在交换过程中始终对一切持无动于衷的态度，不论交换的另一方采取何种自然形态，只要它们的价值相等，便可以交换。"它随时准备不仅用自己的灵魂而且用自己的肉体去换取任何别的商品，哪怕这个商品生得比马立托奈斯还丑。"[1] 由此，马克思把商品比喻为"天生的平等派和昔尼克派"。所谓平等派，是指17世纪英国资产阶级革命时期的真正平等派，他们奉行绝对的平均主义原则；所谓昔尼克派，又译作犬儒学派，是公元前3世纪古希腊的一个哲学流派，他们主张自然主义精神，崇尚自然，独善其身而无所求。

上衣和麻布反映了它们各自生产者的劳动。麻布被做成上衣之后，还是麻布，一个普通的可感觉的东西。但

---

[1]《马克思恩格斯文集》第5卷，人民出版社2009年版，第104页。马立托奈斯是小说《堂吉诃德》中的人物，是一家客店里妓女出身的女佣。她生得阔脸，扁头，狮子鼻，一只眼睛是猫儿眼，还有一只也好看不了多少。

是上衣一旦作为商品出现，就转化为一个可感觉而又超感觉的东西。显而易见，人们自己的一定的社会关系采取了物与物的关系的虚幻形式。这种奇怪的转换被马克思称作是拜物教，"人脑的产物表现为赋有生命的、彼此发生关系并同人发生关系的独立存在的东西。在商品世界里，人手的产物也是这样。……劳动产品一旦作为商品来生产，就带上拜物教性质"[1]。

就其宗教意义而言，拜物就是被宣称具有超自然的力量而被人们崇拜的事物。因此，当时的人们大多将拜物教理解为使个人超脱于感性欲望、从仅仅作为动物的境遇中被拯救出来的形式。与此相反，马克思却认为拜物教正是感性欲望的宗教，它根本无法使人超脱于感性欲望。在资产阶级政治经济学中，拜物教是这样的一种信念：商品具有某些神秘的内在价值。正如中世纪神学标榜圣人的遗物具有某种神秘力量一样，商品拜物教其实也是一种欺

---

[1] 《马克思恩格斯文集》第 5 卷，人民出版社 2009 年版，第 90 页。

骗。迄今为止，除了经济学家之外，没有一个化学家在珍珠或金刚石中发现交换价值。

商品世界的上帝

商品和货币皆为资本主义生产方式甚至商品生产的最简单范畴。在资本主义社会中，由商品这一财富的物质要素充当承担者的社会生产关系，变成了这些物本身的属性。这就是马克思所说的商品拜物教的神秘性质。他继续说道，比商品拜物教更为直截了当，由货币充当中介的社会生产关系本身已经变为金钱关系。诚然，商品和货币所凝结的人与人之间的关系，颠倒为物与物之间的关系，且普遍存在于一切已经有商品生产和货币流通的社会形式中。"但是，在资本主义生产方式下和在构成其占统治地位的范畴，构成其起决定作用的生产关系的资本那里，这种着了魔的颠倒的世界就会更厉害得多地发展起来。"①

在这样的魔幻世界里,货币的妖魔化也在所难免。首先,商品和货币的关系也颠倒了。马克思科学地认识到,货币是商品交换发展到一定阶段的产物,其本质是作为商品的一般等价物。而资产阶级政治经济学却对此知之甚少,并且错误地把货币比作为"血液",把它仅仅看作是流通本身的产物,忽视了它作为特殊商品源于生产领域的事实。货币的产生,表明它获得了代表其他一切商品交换价值的"特权",可以作为货币实体同普通商品的货币属性共存。商品只是由于它和它所满足的某种需要的关系,才成为财富的要素,货币却可以直接作为财富本身。与此同时,货币又是可以捉摸的对象,它可以偶然地被寻求和被发现,因而财富能够在可以捉摸的形式上被人们所占有。这样,货币就从作为商品的交换价值的象征,"从它表现为单纯流通手段这样一种奴仆形象,一跃而成为商

---

① 《马克思恩格斯文集》第 7 卷,人民出版社 2009 年版,第 936 页。

《伦敦笔记》第Ⅳ笔记本中的一页手稿

品世界中的统治者和上帝"①。

随着货币具有购买并占有一切商品的特性,它被当成万能之物,被拥有它的人奉为"有形的神明"。对于货币

---

① 《马克思恩格斯全集》第30卷,人民出版社1995年版,第173页。

占有者来说，货币的力量有多大，他的力量就有多大。货币不仅可以把人们想象中的力量变成现实的力量，还可以再把这种现实的力量反过来变成纯粹抽象的想象。《浮士德》中的魔鬼靡菲斯特斐勒司曾炫耀道："我获得的一切实在的享受，／难道不同样也为我所拥有？／假如我能付钱买下六匹骏马，／我不就拥有了它们的力量？／我骑着骏马奔驰，我这堂堂男儿／真好像生就二十四只脚一样。"[1]

个人能够凭借货币的"神力"来实现他一切自身力量都不能做到的事情，这样的后果是一切人的和自然的性质被颠倒和混淆。莎士比亚在《雅典的泰门》中说："这东西，只这一点点儿，／就可以使黑的变成白的，丑的变成美的；／错的变成对的，卑贱变成尊贵，／老人变成少年，懦夫变成勇士。"[2] 在这部作品中，他还把充当"普遍牵线人"和"中介"角色的货币，直接比喻为"人尽可夫的娼妇"，讽刺其"惯会在乱七八糟的列国之间挑起纷争"。

---

[1] 《马克思恩格斯文集》第1卷，人民出版社2009年版，第243页。
[2] 《马克思恩格斯文集》第1卷，人民出版社2009年版，第243页。

马克思极为欣赏莎士比亚的这个比喻，并且在《资本论》及其手稿中多次引用它。正如他本人所说："交换价值（以及货币关系）的发展，同普遍贿赂，普遍收买是一回事。普遍卖淫现象，表现为人的素质、能力、才能、活动的社会性质发展的一个必然阶段。说得文雅一点就是：普遍的效用关系和适用关系。"① 凭借这种普遍的效用性与适用性，货币将人的需要和对象、人的生活和生活资料、个人和他人等"连接"起来，从而具有了指挥他人和让他人服从的力量，这就是权力。人们常说，"财富与权力是不可分割的"，其原因就在于此。到了资本主义社会时期，货币在转化为资本的同时，也将这种能够支配他人的权力一并"移交"给资本。资本能够通过榨取剩余劳动而实现增殖，恰恰源于其对工人的支配力。

---

① 《马克思恩格斯全集》第 46 卷（上册），人民出版社 1979 年版，第 109 页。

魔法师与魔鬼

在把握资本主义社会的过程中，马克思绝非完全否定这个社会形式，而是详细论证了资本主义生产方式对人类文明发展的促进作用。他曾经将资本主义社会比喻成"魔法师"，明确指出它仿佛用"法术"一般创造了如此庞大的生产资料和交换手段，极大地推动了社会生产力的空前发展，使人类获得了难以想象的物质享受。马克思曾这样描述道："资产阶级在它的不到一百年的阶级统治中所创造的生产力，比过去一切世代创造的全部生产力还要多，还要大。"① 然而，真正创造出这些现实基础和物质条件的并非"魔法师"本人，而是他用"法术"召唤出来

金融危机为什么是导火索？

---

① 《马克思恩格斯文集》第 2 卷，人民出版社 2009 年版，第 36 页。

的"魔鬼"(撒旦)。这个"魔鬼"就是资本。不同于资产阶级政治经济学家将资本看作是能够自然产生利润和利息的货币,马克思在《资本论》中对资本的本性作了深入的剖析。

众所周知,魔鬼在西方文化中是邪恶的代表,是伪善的代名词。它们擅长玩弄人心,且从不屑于"低级"的杀戮。残忍和杀戮不属于"七宗罪",因为这只是人性的阴暗面,而非魔鬼的"馈赠"。表面看来,魔鬼遵守契约与自由意志,与人进行公平的交易,也确实为它们的交易对象提供了想要的东西,特别是物质方面的享受。实际上,这里根本不存在公平的交易。与魔鬼做交易,无异于与虎谋皮。正如歌德的《浮士德》所描写的那样,以自己的灵魂作为交易品,与魔鬼交换物质世界的享乐,最终使人的灵魂堕入地狱。同样,与魔鬼做交易的魔法师,也难以逃脱将自己的灵魂出卖给它们的命运。驱使整个资本主义社会进行运转的,不就是资本逻辑吗?

对于深谙西方文化和喜欢歌德的马克思来说,将资本比作魔鬼的寓意正在于此。在他的笔下，资本的两面性展现得淋漓尽致。一方面，在资本的价值自行增殖过程中，不断产生出剩余劳动以推动社会财富的不断积累和社会生产力的发展，从而带动整个社会的前进。资本主义生产方式的技术基础是革命的，它从来不把特定生产过程的现存形式视作最后的形式。相形之下，在它之前的所有生产方式的技术基础都是保守的。因此，同农奴制、奴隶制和封建制等相比，资本榨取剩余劳动的方式和条件，更有利于更高级的新形态的各种要素的创造，更有利于人的自由个性的发展。"资本作为孜孜不倦地追求财富的一般形式的欲望，驱使劳动超过自己自然需要的界限，来为发展丰富的个性创造出物质要素，这种个性无论在生产上和消费上都是全面的，因而个性的劳动也不再表现为劳动，而表现为活动本身的充分发展。"[①]

另一方面，资本只有一种本能的需要和欲望，这就

[①] 《马克思恩格斯全集》第30卷，人民出版社1995年版，第286页。

是增殖自身和创造剩余价值，用它的不变部分即生产资料吮吸尽可能多的剩余劳动。于是，这个魔鬼变成了"吸血鬼"，"只有吮吸活劳动才有生命，吮吸的活劳动越多，它的生命就越旺盛"。① 在资本主义社会中，资本的"嗜血"本性是通过资本家对工人的剥削来实现的，资本家对工人的剥削就是"吸血鬼"的人格化表现。

不只是这样。资本家对工人的剥削是隐而不见的，它不是以赤裸裸的压榨和残忍的杀戮为手段，正如人与魔鬼的交易的表象那样。事实上，工人们压根意识不到剥削的发生，对剥削的比率更是一无所知。在他们的认识中，用劳动赚取维持自身生存的工资是天经地义的事，也是当务之急的事；至于他们的劳动时间中，到底有多少个小时就足够维持其生存所必需，又有多少个小时被资本家无偿所占有，已经是无关紧要的了。一旦资本主义制度的"外衣"剥落下来，人们就会发现它同封建主义制度是一丘之

---

① 《马克思恩格斯文集》第 5 卷，人民出版社 2009 年版，第 269 页。

貉。这个制度"正是要求人民群众处于奴隶地位,使他们本身转化为雇工,使他们的劳动资料转化为资本"[①]。

事实上,资本主义社会这个"魔法师"根本没有用"法术"召唤出资本这一"魔鬼",从而谈不上驯服与驾驭它,反而受它支配。马克思据此认为,应当谋求一种新的生产方式,用社会革命的手段来消灭资本主义制度,才能彻底地消解这个问题,实现对资本的驾驭。任何试图在资本主义制度框架内解决问题的办法,终将沦为一种虔诚和愚蠢的愿望。

[①] 《马克思恩格斯文集》第 5 卷,人民出版社 2009 年版,第 827 页。

第六章

工人阶级的处境与命运

"现实的个人",尤其是工人阶级的处境及其命运,是《资本论》的价值归旨之一。正是对当时占人口绝大多数的工人阶级的命运准确而深入的剖析产生的深刻而持久的影响,才使得《资本论》真正成为"工人阶级的圣经"。

从内容上看，《资本论》考察的是资本生产过程、资本流通过程和资本主义生产总过程，探讨的是物质、利益、财富和所有制等问题，但贯穿其中的价值归旨却是"现实的个人"，是实践的人和人的实践，是人与人的关系，尤其是工人阶级的处境及其命运。资本主义社会中有着处于明显对立状态的两极，一极是财富的积累，另一极却是工人阶级的贫困、劳动折磨、受奴役、无知、粗野和道德堕落的积累。诚如恩格斯所言，"《资本论》在（欧洲——笔者注）大陆上常常被称为'工人阶级的圣经'。任何一个熟悉工人运动的人都不会否认：本书所作的结论日益成为伟大的工人阶级运动的基本原则"①。在历史上，极少有著作像《资本论》一样，对整个人类的命运，对当时占人口绝大多数的工人阶级的命运，进行如此准确而深入的剖析，产生如此深刻而持久的影响。

---

① 《马克思恩格斯文集》第 5 卷，人民出版社 2009 年版，第 34 页。

资本主义的"摩奴法典"

纵观人类社会发展的整体进程，相对于农奴制社会、奴隶制社会和封建主义社会等而言，资本主义社会有着太多体现其进步性的方面。感叹于资本主义生产方式所表征的巨大社会生产力，以及它所创造的丰富物质财富，19世纪的人们普遍将资本主义社会看作是文明的象征，并为之献上各种溢美之词。然而，热情洋溢的称颂背后，必然有着冷静深入的反思，后者无疑是任何一个时代的大思想家应当具有的重要品格。马克思在《资本论》中虽然肯定资本逻辑带来的各种进步性，但其论述重点在于揭示资本主义制度的剥削本质，撕下这种形式下的"文明"假面。

在马克思看来，本来属于落后的奴隶制社会的"摩奴法典"，在资本主义社会中仍然存在。同古印度社会的首陀罗一样，工人阶级也处于受压迫程度最深的地位。众所周知,《摩奴法典》是古印度社会关于宗教、道德、哲学和法律的汇编中广为流传的一种。相传,它由印度神话中的人类始祖摩奴制定,故名。这部法典的内容包括:法典的产生过程;婆罗门应当研习的宗教和法律规定以及应当遵循的日常行为规范;国王治理国家和统率军队的责任;有关债权、婚姻、继承和诉讼等方面的法律规范;关于对各杂种种姓的诸多限制;等等。仅从上述内容概要来看,《摩奴法典》的主要目的就一目了然,即维护神权政治、君主专制和种姓制度。它将人由高到低划分为四等种姓:婆罗门、刹帝利、吠舍和首陀罗,并把他们之间的不平等地位用法律形式固定下来。作为"万物之主"的婆罗门,其人身与财产神圣不可侵犯;而首陀罗则被规定为"天生的奴隶",终生处于被压迫的地位,并且不能拥有任何财产。

《摩奴法典》第十章第六十二节规定:为保存一个僧侣或一头母牛而无代价地牺牲生命……可以保证这些出身卑贱的种族得到至福。这听起来是残酷且悲惨的,但情况的确如此。直到19世纪的印度社会中,养肥耕牛而饿死农民的情形还随处可见。只是因为人的补充比牛的补充更容易一些，那些处于统治地位的人就可以随意践踏生命。对此，马克思通过引述如下评论反讽道："迷信的戒律对个人来说好像是残酷无情的，但有保存社会的作用；役畜的保存，保证了农业的继续，这样也就保证了未来生计和财富的源泉。"[①]

一方面，正如印度农民与耕牛的关系一样，工人在复杂的机器体系面前也显得一文不值。资本家毫不吝惜地将他们的金钱用于改进机器生产上，却对工人极为苛刻，甚至尽最大可能降低工人的工资。现代雇佣劳动制度与古代奴隶制度相比，实际上是换汤不换药。资本家对工人的剥削，压根不顾工人的死活。工人的劳动时间越长，工作条件越脏乱，身体状况自然越糟糕，最终使其劳动力被榨取殆尽。一旦如此，资本家就一定会弃之如敝屣。

[①] 《马克思恩格斯文集》第6卷，人民出版社2009年版，第264页。

另一方面，工人被资本主义社会的神圣三位一体公式（资本—利息，土地—地租，劳动—工资）所迷惑，渴望着自己的工资能够积累下来，从而在形式上转化为资本以获得利息。这种无异于痴人说梦的想法，不过是首陀罗迷信于《摩奴法典》的"翻版"。这部法典以教义的方式"教唆"道：种姓制度是神安排的结果，只要首陀罗服从和恭顺于它，就会"来世"转化为高级种姓。马克思一向对这些"鬼话"嗤之以鼻，他通过科学的分析揭开了它们所掩盖的秘密。他指出，工资、地租和利息原本就都源于劳动创造的价值与剩余价值，资本主义生产关系及所有制关系才是上述不合理分配结果的"元凶"。相应之下，整个社会划分出无产阶级、资产阶级和土地所有者阶级。"各种经济关系的内部联系越是隐蔽，这些关系对普通人的观念来说越是习以为常。"[①] 于是，资本主义分配关系和阶级划分日趋固定化，剥削程度愈发严重。从根本上说，任何一

---

① 《马克思恩格斯文集》第 7 卷，人民出版社 2009 年版，第 925 页。

种分配关系都会随着它由之产生并与之相适应的生产方式的消失而消失。因此，无产阶级只有在同资产阶级和土地所有者阶级的斗争中联合起来，消灭资本主义生产方式，才能最终打破"摩奴法典"式的困境。

息息法斯的苦刑

机器大工业代替手工业劳动，是资本主义生产方式的典型特征。19世纪的英国，机器大工业得到了突飞猛进的发展，机器革新取得许多令人难以想象的成果。大机器生产达到的轻易、便捷、精确和迅速的程度，是任何最熟练的工人都无法做到的。马克思在《资本论》中举例说，蒸汽锤靠普通的锤头工作，但这种锤头恐怕连力大无穷的雷神托尔也举不起来。它既能毫不费劲地将坚硬

什么是财富的源泉？

19 世纪中叶的伦敦

的花岗岩击打得粉碎,也能轻轻把钉子一下下地楔进柔软的木头中。面对当时如此发达的大机器生产,人们眼前仿佛会浮现出这样一幅美好的画面:机器代替了一部分人的劳动,人的劳动强度和劳动时间则随之减轻和缩短。

可是,人们的上述幻想与错觉在残酷的现实面前被击得粉碎。连著名的资产阶级政治经济学家约翰·穆勒都表达出这样的疑惑:一切已有的机械发明,是否减轻了任何人每天的辛劳。对此,马克思用严肃而冷静的笔调告诫世人,机器是生产剩余价值的手段,与是否减轻工人的辛劳和痛苦毫不相关。相反，对于那些可以不劳而获的资本家来说，机器无疑大大减轻了他们的"辛劳"，使其成为养尊处优的占有者。资本家使用机器绝不是出于善待工人以便"养鸡下蛋"，他们是为了榨取工人的剩余劳动甚至不惜"杀鸡取卵"。使用机器无非是另一种形式的延长工作日。"像其他一切发展劳动生产力的方法一样，机器是要使商品便宜，是要缩短工人为自己花费的工作日部分，以便延长他无偿地给予资本家的工作日部分。"①

随着机器在工业生产中的大量使用，工人被固定在生产流水线的特定位置上，一遍一遍地重复完成着同一个简单的机械过程。恩格斯在写于1844年到1845年的《英国工人阶级状况》中，曾将工人所处的这种永无止境的苦役比喻成"息息法斯的苦刑"。这一用法再贴切不过了。传说中的科林斯国王息息法斯惯于玩弄诡计，甚至欺骗神灵，最终因惹怒众神而被罚这样一种苦役：推滚一块巨石

---

① 《马克思恩格斯文集》第5卷，人民出版社2009年版，第427页。

上山，但每当就要到达山顶时，巨石就会重新滚回山下，不得不重新开始。如此反复，永无止境。劳动的重压，不正如同巨石一般反复不断地落在疲惫不堪的工人身上吗？

马克思称赞说，"恩格斯对资本主义生产方式的精神了解得多么深刻"，"他对工人阶级状况的详细入微的描写是多么令人惊叹"[1]。鉴于此，马克思在《资本论》中引述了恩格斯所做的比喻，并对资本主义生产的实质作了透彻的分析。"一切资本主义生产既然不仅是劳动过程，而且同时是资本的增殖过程，就有一个共同点，即不是工人使用劳动条件，相反地，而是劳动条件使用工人，不过这种颠倒只是随着机器的采用才取得了在技术上很明显的现实性。"[2]

机器不是使工人摆脱劳动，而是使工人的劳动毫无内容。甚至减轻劳动也成为折磨人的手段。在这种息息法斯式苦刑的工作状态下，工人的神经系统受损，其肌肉的多方面运动也受限，进而被夺去了身体上和精神上的一切

---

[1] 《马克思恩格斯文集》第5卷，人民出版社2009年版，第278页。
[2] 《马克思恩格斯文集》第5卷，人民出版社2009年版，第487页。

自由活动。更为严重的是，劳动的简单重复性使得价格极其低廉的童工成了劳动力市场上的"抢手货"，资本对未成年人或半成年人进行大肆"收购"。马克思注意到，英国工厂对童工的需求，在形式上也往往同美国社会中习以为常的对黑奴的需要，具有惊人的相似性。工人不仅出卖自身所拥有的劳动力，还出卖自己的儿女，成了奴隶贩卖者。19世纪60年代，在声名狼藉的伦敦贝特纳尔格林区，每逢周一和周二，都会有公开的早市，9岁以上的儿童就在那里将自己出租给伦敦的丝织厂一周。这些孩子们亲口承认，他们能够普遍接受的价码是每周4先令，其中1先令8便士交给父母，4便士归自己所有，其余都作为这一周的餐费。① 这种集市上的场景和出自半大孩子口中的市

---

① 过去的英国货币单位中，1英镑等于20先令，1先令等于12便士。根据英国权威网站（https://www.measuringworth.com）计算，英国19世纪60年代1先令的购买力相当于今天的4.4英镑，约合人民币37.8元。以此类推，按照今天的购买力，当时英国童工的周薪约合人民币152元，其中63元钱交给父母，6元钱留给自己零花，其余83元钱作为一周的餐费。读者由此便可以充分理解，马克思为何对此感到愤慨了。

侩语言，着实令人愤慨！

息息法斯式的苦刑使工人身陷一座"人间地狱"，一个类似于但丁笔下的地狱的世俗形态。不，情况比这还要严重！马克思写道，如果但丁还活着，就会发现他所想象的最残酷的地狱也赶不上资本主义社会的这种场景："一大群不同职业、年龄、性别的各种各样的工人，争先恐后地向我们拥来，简直比被杀者的鬼魂向奥德赛拥去还要厉害。即使不去参看他们腋下夹着的蓝皮书，我们也可以一眼看出他们劳动过度。"① 在《神曲·炼狱篇》第五章中，将但丁从地狱的迷途中解救出来的维吉尔向他问道："此地人们的低语与你有什么关系呢？跟我来，让他们说话。"② 然而，引导工人阶级、让他们发出自己声音的"维吉尔"又在哪里呢？

---

① 《马克思恩格斯文集》第 5 卷，人民出版社 2009 年版，第 294 页。
② [意] 但丁：《神曲·炼狱篇》，田德望译，人民文学出版社 1997 年版，第 56 页。

被缚的普罗米修斯

普罗米修斯是古希腊神话中的最具智慧的神明之一。相传，他不仅唤醒了埋藏于泥土中的人类生命的种子，创造出人类，而且教给他们有用的、使他们感到幸福的各种知识与技能。出于保护人类的需要，不让作为宇宙主宰的神祇提出过分的要求，增加人类的负担，普罗米修斯同宙斯进行斡旋，最终就神与人双方各自的义务达成协议。普罗米修斯不断替人类出头的做法，引起了宙斯极大的不满。他以普罗米修斯在献祭仪式上的"欺骗"行为作为借口，拒绝给人类提供彻底摆脱愚昧状态、实现文明的最后一物——火。聪明的普罗米修斯设法从太阳神那里盗取了天火送给人类。这一行为彻底激怒了宙斯。为了惩罚和报复普罗米修斯和人类，宙斯不仅创造出潘多拉并诱惑她打开了盒子，放出贪婪、杀戮、恐惧、痛苦、疾病、欲望到人间；还命人将普罗米修斯钉在高加索山的岩石上，终日饱受疲惫、饥饿、严寒、酷热等各种折磨。除此之外，宙斯还派他的神鹰每天去啄食被缚者的肝脏，但被吃掉的肝脏第二天又会长出来，如此往复。然而，普罗米修斯始终坚定地面对苦难，从来没有在宙斯面前丧失勇气，并最终得以获救。

受西方古典文化的熏陶，马克思具有浓厚的普罗米修斯情节。早在中学时期的习作中，他就高度赞扬了普罗米修斯式的牺牲精神，以及他给人类带来的自我意识的觉醒。在题为《人的自豪》一诗中，马克思这样写道："我可以像神一样漫步徜徉，／胜利行进在那片废墟之上，／我的每句话都是火焰和行动，／我就像造物主那样襟怀坦荡。"[1] 从马克思的一生经历来看，他出身于富裕的犹太拉比家庭，本可锦衣玉食却一生四处流亡；他倾注毕生研究资本，却时常身无分文，甚至有过典当外套而不能出

---

[1] 《马克思恩格斯全集》第 1 卷，人民出版社 1995 年版，第 486 页。

门的窘迫时刻；他从未停止对真理的探索，勇于为广大工人阶级献身，投身于最能为人类福利而劳动的事业中，犹如普罗米修斯不畏宙斯的暴戾而从神间盗取火种以照亮人间。

马克思始终与工人阶级"同命运，共呼吸"。他在《资本论》中也将工人阶级比喻为普罗米修斯，用后者被锁缚时所承受的各种痛苦与折磨，来形容资本主义制度下工人阶级的处境。在资本主义生产方式下，全部的生产资料和生活资料都掌握在资本家手中。在资本主义制度内部，一切提高社会劳动生产力的方法都是靠牺牲工人来实现的，一切发展生产的手段都转变为统治和剥削生产者的手段。万般无奈之下，工人必须依靠不断出卖自己的劳动力，才能获得仅够勉强维持自己及其家庭最低限度的生活，因而被牢牢地"钉"在资本上，甚至"比赫斐斯塔司的楔子把普罗米修斯钉在岩石上钉得还要牢"①。工人劳动一天，筋

---

① 《马克思恩格斯文集》第 5 卷，人民出版社 2009 年版，第 743 页。

被缚的普罗米修斯（19世纪40年代石版画），图中被缚的普罗米修斯暗喻被普鲁士当局查封的《莱茵报》，松鼠喻指普鲁士文化大臣艾希霍恩，它牵着的普鲁士鹰正在啄食普罗米修斯的心脏

疲力尽，用工资来购买生活资料，以便恢复劳动力好在第二天继续工作，遭受资本家的剥削。这种情况，正如普罗米修斯的肝脏不断被鹰啄食又不断长出一样。

在这里，除了揭示工人阶级遭受的悲惨处境之外，马克思其实还另有深意。

在古希腊神话中，普罗米修斯是泰坦神族的后裔，后者曾长期统治所有的宇宙世界，后来才被以宙斯为首的奥林波斯神族推翻并取代。此后，泰坦神族普遍过着受限制甚至压迫的生活。例如，普罗米修斯的兄弟阿特拉斯生来力大无穷，却在被宙斯降罪时甘愿受罚，用双肩支撑苍天，直到难以承受痛苦，请求柏修斯将砍下来的美杜莎的头正对着他，将他化为山脉为止。马克思对此曾评价道，这个例子充分说明了泰坦神族的愚昧和迷信。他们完全具有同统治者奥林波斯神族相抗衡的能力，却始终没有意识到这种力量，反而迷信前者比自己强大。作为泰坦神族先觉者的普罗米修斯，不仅尝试打破囚徒般的生活，还唤醒了人的自我意识，使他们大胆地喊出"不应该有任何神同人的自我意识相并列"①!

同样,作为资本主义社会物质财富的主要创造者,工人阶级本来应该是这个现代世界的主人,而非愚昧到对此一无所知的程度,并迷信于资本的创生力量,从而沦为畸形发展的"局部的人",被"贬低为机器的附属品","在劳动过程中屈服于最卑鄙的可恶的专制",甚至连自己的"妻子儿女都抛到资本的札格纳特车轮下"②。他们应当像普罗米修斯这位"哲学历书上最高尚的圣者和殉道者"那样,决不对"甘受役使,来改变自己悲惨的命运"抱有幻想,而是"宁可被缚在崖石上,╱也不为父亲宙斯效忠"③。他们只有联合起来进行反抗,才能彻底改变自己被资本家压迫和剥削的命运。

---

① 《马克思恩格斯全集》第 40 卷,人民出版社 1982 年版,第 190 页。
② 《马克思恩格斯文集》第 5 卷,人民出版社 2009 年版,第 743 页。
③ 《马克思恩格斯全集》第 1 卷,人民出版社 1995 年版,第 12 页。

第七章

改变现实世界的道路

在解释世界的基础上改变世界,是《资本论》的核心内容。马克思在《资本论》中通过剖析资本及资本逻辑,揭露出维多利亚时代新兴资本家的世界的实质,论证了实现人的自由而全面发展的可能性和必要性。

伦敦海格特公墓马克思的墓碑上，镌刻着他写于1845年的一句话："哲学家们只是用不同的方式解释世界，问题在于改变世界。"[①] 这句在汉文化中被称作"铭文"的话，是马克思一生思想探索和革命实践的真实写照，从而也是作为其"思想高峰"的《资本论》的核心内容。《资本论》通过剖析资本及资本逻辑，揭露出维多利亚时代新兴资本家的世界的实质，论证了共产主义的可能性和必要性，力求以改变现实世界的方式来实现人的自由而全面发展。

争取正常工作日的斗争

改变现实世界的运动不是一蹴而就的。工人改变自

[①] 《马克思恩格斯文集》第1卷，人民出版社2009年版，第502页。

1848年3月13日维也纳群众集会，要求首相梅特涅下台

身命运的斗争要先从自身境遇出发。在查阅大量调查资料并经过科学计算后，马克思认为工人每日维持生活所需的总费用等于6小时的工作量。可是，资本家绝不会让他的工人做完这6小时的必要劳动后就停下来。为了挣得这份"血汗钱"，工人要付出数倍的代价，甚至每天工作18小时。这样，资本家就从这些"鸡"那里收获了更多的"金蛋"。他们延长工作日的欲望，对剩余劳动的"狼一般的贪婪"，使得他们甚至不惜"杀鸡取卵"。由此导致的无限

度的压榨,"比西班牙人对美洲红种人的暴虐有过之而无不及"①。

延长工作日是获取剩余价值的最明显办法。相应之下,争取正常工作日的斗争就是工人减少甚至消灭剥削的最直接手段。工人的斗争将采取怎样的形式,却是一件很难抉择的事情,这需要建立在对错综复杂的现实作综合考量的基础上才能完成。那么,工人的合理诉求可否诉诸法律形式呢?

事实上,从18世纪末开始,英国工人阶级就已经尝试使用立法手段来限制工作日,投入到争取10小时工作日的斗争中,并最终取得了成功。1847年6月8日,英国议会表决通过《十小时工作日法案》,将妇女和18岁以下童工的日劳动时间限定为10小时。1850年8月5日,英国议会又颁布《关于工厂劳动条例的修正法令》,规定成年男工每天平均实际工作时间不得超过10小时;其中,

---

① 《马克思恩格斯文集》第5卷,人民出版社2009年版,第282页。

周一到周五为 12 小时,从早六点到晚六点,包括 1.5 小时吃饭休息时间;周六为 8 小时,从早六点到下午两点,包括半小时吃饭休息时间。

马克思对工人阶级的上述斗争行为给予了充分的肯定,他将此视为欧洲 1848 年革命以来的两件重大事实之一。他说:"十小时工作日法案不仅是一个重大的实际的成功,而且是一个原则的胜利;资产阶级政治经济学第一次在工人阶级政治经济学面前公开投降了。"① 但与此同时,马克思也意识到法律形式的无效性。资本受到法律规定的约束只是表面现象,大多数生产部门还在毫无拘束地压榨劳动力。英国工厂视察员所作的报告为马克思提供了详细证据。

英国工厂法曾规定,未满 13 周岁的儿童每天只能劳动 6 小时。可是,"聪明"的资本家很快就想出了"偷梁换柱"之计。伦敦的报纸上的招工广告上随处可见"外貌

---

① 《马克思恩格斯文集》第 3 卷,人民出版社 2009 年版,第 12 页。

第七章 改变现实世界的道路 129

《德法年鉴》刊载的恩格斯《国民经济学批判大纲》和《英国状况。评托马斯·卡莱尔的〈过去和现在〉》

要13周岁上"的字样。这里的潜台词是，工厂主只需要外表看起来已满13周岁实际上却达不到这一年龄的儿童。有了需求，就有买卖。为了迎合资本家的"口味"和父母的贩卖要求，负责招工检查的"合格"医生们纷纷虚报儿童的年龄。于是乎，7岁的运模工人威廉·伍德每天劳动15小时，12岁的约翰·默里一周有两次加班到整夜，10岁的弗尼霍夫吃饭休息的1小时法定时间常常被压缩为半小时……这样的残酷事实比比皆是。为了勉强糊口，不满

13岁的孩子们不得不从凌晨一直干到半夜。"他们四肢瘦弱，身躯萎缩，神态呆痴，麻木得像石头人一样，使人看一眼都感到不寒而栗。"① 此外，资本家零敲碎打偷走的工人吃饭休息的时间，加起来就能将其钱袋装得鼓鼓。一位工厂主曾经向工厂视察员夸口说，只要将工人每天吃饭休息的时间缩短十分钟，一年就会有1000英镑放进口袋。

资本主义社会的法律规定说到底都是为资产阶级服务的，是他们剥削工人阶级的工具。在《资本论》中，马克思讲述了这样一个故事。伦敦曾经发生过一次造成几百名乘客丧生的惨烈车祸。作为被告，列车长、司机与信号员在法庭上辩解道，长年累月的工作日延长导致的劳动力过度透支，才是导致这场惨祸的"元凶"。10余年前，他们每天只劳动8小时；但是近五六年来，劳动时间延长到了14—20小时。到了旅游旺季，他们甚至要连续工作40—50小时。可他们毕竟只是普通人，不是《荷马史诗》

---

① 《马克思恩格斯文集》第5卷，人民出版社2009年版，第282页。

中一直能睁大圆眼的西西里岛巨人塞克洛普呀！在体力透支且得不到充分休息的情况下，铁路员工们浑身麻木、头晕眼花，看错信号灯乃至根本睁不开眼，便是再正常不过的事情了，悲剧也因此在所难免。然而，"最可尊敬的不列颠陪审员"毫不理睬他们的回答，仍然判决他们犯有"杀人罪"，交付巡回审判庭审理。更可气的是，陪审团还假惺惺地在一项附录中表达了"良好的愿望"，"希望铁路大亨们将来在购买必要数量的'劳动力'时大方一些，在榨取所购买的劳动力时'节制'、'节欲'或'节俭'一些"①。

　　这样看来，工人阶级通过法律手段争取正常工作日这一合法权益的斗争，是根本行不通的。他们只有联合起来投入到实际的反抗斗争中，才能成为真正拥有自身的权利、实现自我主宰的自由人。正如马克思所说："夺取政权已成为工人阶级的伟大使命。""工人的一个成功因素就是他们的人数；但是只有当工人通
过组织而联合起来并获

---

① 《马克思恩格斯文集》第 5 卷，人民出版社 2009 年版，第 293 页。

得知识的指导时,人数才能起举足轻重的作用。"①

充满反讽意味的结局

生活在资本主义时期的大思想家,大抵都会对资本主义社会的结局作出较为合理的预判。马克思、歌德和巴尔扎克等也不例外。马克思在《资本论》中屡次提及"浮士德形象",因此,人们往往会自然地将浮士德的结局,同《资本论》中设想的资本主义社会的结局联系起来。

在歌德的笔下,从书斋里走出来的新兴资产阶级的化身浮士德,历经书斋生活、爱情生活、政治生活、追求古典美和建功立业这五个阶段,反映出自文艺复兴到19世纪初期的几百年间,德国乃至整个欧洲的资产阶级探索

---

① 《马克思恩格斯文集》第3卷,人民出版社2009年版,第13—14页。

与奋斗的精神历程。浮士德所经历的五个阶段无一不以悲剧收尾：他追求知识，满腹经纶，却于事无补；他追求爱情，却被保守思想和封建礼法扼杀；他追求仕途，为封建王朝服务，却因爱上海伦而葬送自己的前程；他追求古典美，却最终化为梦幻泡影；他追求社会理想，填海造陆构建人间乐园，却在呐喊中倒地而亡。在一次次的悲惨结局面前，浮士德始终没有气馁，仍然自强不息，追求真理。他甚至不惜出卖自己的灵魂，同魔鬼靡菲斯特斐勒司做交易。最后，歌德让天使用爱火把魔鬼打败，从天主那里获得了拯救。

谁永远自强不息地努力，我们就能够解救他；善良人在追求中纵然迷惘，却终将意识到有一条正途……这些都是天主和天使给予浮士德们的忠告。可是，在马克思看来，资产阶级绝不是改变现实世界的主导力量，作为主体的工人不能停留在这种资产阶级式的说教层面，而是要从事实际的革命斗争，才能得到自我解放。所以，浮士德式的结局并非《资本论》所勾勒的改变现实世界的道路。

也和魔鬼做交易的梅莫特，选择了与浮士德不一样的救赎方式。巴尔扎克写道，在拥有了一切权力和财富之后，无所不见、无所不知、无所不能的梅莫特却开始发现自己并不快乐，直至意识到人世间的空虚：享尽欢乐等于毫无欢乐；占有一切，则一切都失去了意义；饮食过度使味觉麻木；美女唾手可得反倒使人兴味索然。物质的满足和精神的空虚在梅莫特身上形成了深刻而痛苦的冲突，以致他宁可放弃既得的物质利益，换取升入天国的权利。于是，他选择了为情人而花光积蓄并犯了盗窃罪的老出纳员卡斯塔涅，将魔鬼的契约给了他，后来卡斯塔涅又将魔鬼契约给了金融商，金融商给了建筑承包商，建筑承包商又卖给了其他人……交易如此不断延续。直到传到一个疯疯癫癫的律师见习生那里，这个人却因一心寻欢作乐和狂魔乱舞而忘记了召唤出魔鬼的方式。

同《浮士德》相比，马克思更愿意将《改邪归正的梅莫特》同《资本论》联系在一起。他在《资本论》行将付梓时曾写信建议恩格斯去读巴尔扎克的这篇小说。当然，

第七章 改变现实世界的道路　　135

中文版《国际歌》的歌词和曲谱

这种联系是一种反讽式的联系。现实中的梅莫特们即资产阶级，压根不愿意放弃从魔鬼也就是资本的化身那里获得的权力和财富，因厌倦世俗生活而改邪归正一说，更是无稽之谈。除此之外，一定的物质基础也是通往"自由王国"这个彼岸的根本条件。放弃物质利益以换取升入天国的权利，终究只是宗教式的幻想。

正如《国际歌》中所写："从来就没有什么救世主，

也不靠神仙皇帝。要创造人类的幸福,全靠我们自己。我们要夺回劳动果实,让思想冲破牢笼。快把那炉火烧得通红,趁热打铁才能成功!这是最后的斗争,团结起来到明天,英特纳雄耐尔就一定要实现。"这才是马克思理解的通往未来社会形式的正确道路。

通往"自由王国"的道路

"推翻一切旧的社会秩序",人们往往将革命的内涵解释为这样。《资本论》中关于工人阶级联合起来进行争取正常工作日的斗争,难免被人看作是工人打破自身枷锁的行为。事实上,"打破旧世界"和"建设新世界"是同一枚硬币的两面。马克思强调工人争取正常工作日的斗争,不仅意在号召工人阶级团结一致进行实际的革命斗争,更在于揭示他们由此获得的自由时间的重要作用。正如马克思所说，作为目的本身的人类能力的发挥，"自由王国"的建立要以工作日的缩短为根本条件。换句话说，工人斗争胜利后获得的可以自行支配的时间，为塑造他们自身的自由发展提供了可能。

通常情况下，自然意义上的时间是世界的存在方式，是一种可以度量的、匀速流逝的、物理状态的间隔。《资本论》中的"自由时间"不仅是通常意义上的自然时间，而且是人的发展的空间，即人的积极存在；衡量它的不只是物理的尺度，还是社会的尺度、资本的尺度和人的尺度。

那么，整个资本主义社会赖以存在的自由时间又是如何产生的呢？

马克思用充满辩证色彩的语言写道，社会的自由时间的产生要靠非自由时间的产生，要靠工人超过维持自身生存所需的劳动时间而延长的劳动时间的产生。同一方的自由时间相应地是另一方的被奴役的时间。更具体的表述是：在生产力保持一定发展水平的前提下，剩余价值总是表现为剩余产品,因为耗费较多劳动时间创造的产品总是多于耗费较少劳动时间创造的产品。这种剩余产品构成除工人阶级以外的一切阶级存在的物质基础,是社会整个上层建筑的物质基础。同时,剩余产品将时间"游离"出来,给不劳动的资产阶级提供了发展其自身其他能力的自由支配时间。

一个阶级的自由发展,完全取决于另一个阶级的时间即发展空间被全部投入到使用价值的生产上。这样看来,资本家和工人的关系,与黑格尔讲述的"主奴辩证法"故事中的情景极为相似。对于作为"主人"的资本家来说,他不是亲自劳动以完成对事物的改造,而是依赖于一个特殊的存在即工人,从而使其不能真正主宰自己的命运。对于作为"奴隶"的工人来说,他没有意识到同资本家的真正关系,只顾维持生计而绝对服从资本家的统治。黑格尔对此总结说,奴隶在此扬弃了他自己的自为存在或独立性,但完成了"主人"自己想完成的事。主奴辩证法的结局不外乎三种:双方同归于尽;一方吃掉另一方；一方委曲求全向另一方投降。黑格尔认为只有最后一个结局才是最合理的，双方都因获得承认而实现"共赢"。

马克思最为反感这种"和稀泥"的论断，认为其后果无异于承认资产阶级剥削工人阶级的合理性。他说，一部分人的能力发展以完全限制另一部分人的能力发展为基础，这显然是一种对抗。资产阶级社会及其之前的一切人类文明和社会发展，正是构筑于这种对抗之上。"整个人类的发展，就其超出人的自然存在所直接需要的发展来说，无非是对这种自由时间的运用，并且整个人类发展的前提就是把这种自由时间作为必要的基础。"[①] 因此，让自由时间回归到它的创造者手中，结束前面所说的对抗，是人类文明和社会未来发展的必要条件。

在通往"自由王国"的道路上，也离不开物质生产活动这个"必然王国"。马克思既认识到了资本主义的对

[①] 《马克思恩格斯全集》第 32 卷，人民出版社 1998 年版，第 215 页。

抗性，也看到了它具有的相对文明的一面。同奴隶制和农奴制相比，资本榨取剩余劳动的方式和条件，都有利于物质生产和社会关系的发展，从而为更高级的社会形式所需的各种要素的形成创造条件。"自由王国只是在必要性和外在目的规定要做的劳动终止的地方才开始；因而按照事物的本性来说，它存在于真正物质生产领域的彼岸。"①

---

① 《马克思恩格斯文集》第 7 卷，人民出版社 2009 年版，第 928 页。

第八章

《资本论》在中国

百余年来,《资本论》在中国的翻译、传播和运用经历各种艰难险阻。这一过程是同中国的革命、建设和改革的进程紧密联系在一起的,并且随着中华民族实现伟大复兴的实践而不断深化。

自马克思主义第一次同中国的命运与发展结合起来，《资本论》就已经进入国人的视野。此后百余年的漫长岁月里，它在中国的翻译、传播和运用经历各种艰难险阻，其中亦不乏传奇色彩。历史和现实均表明，《资本论》在中国的传播发展，是同中国的革命、建设和改革的进程紧密联系在一起的，并且随着中华民族实现伟大复兴的实践而不断深化。

在中国的早期传播

19世纪末的中国，正值民族危亡之际。伴随着有识之士救亡图存所诉诸的各种思潮传入中国，马克思和《资本论》开始为国人知晓。1899年，《万国公报》刊载了李提摩太和蔡尔康合译的本杰明·基德《社会进化论》一书第四章的部分内容。其中写道："试稽近代学派，有讲求安民新学之一家。如德国之马克偲，主于资本也。"① 这是《资本论》的名字首次在中国公开出现。

此后，不断有人在不同著述中简略地提及《资本论》。1903年，由赵必振翻译的《近世社会主义》一书中，对《资本论》在马克思学说中的地位作了极为中肯的评价："其学理具于其《资本论》。大耸动于学界，为社会主义定立确固不拔之学说，为一代之伟人。"②1906年，朱执信在《民报》上发表《德意志社会主义革命家小传》一文，较为翔实地介绍了《资本论》的主要内容，并对马克思的经济学说作了简要评论。此外，他还于1912年翻译了煮尘重治《社会主义大家马儿克之学说》一文，并发表在上海《新世界》第二期，其中就有关于《资本论》梗概的介绍。

至于谁是最早接触到《资本论》原文并将它引入国内

---

① 李天纲编校:《万国公报文选》，生活·读书·新知三联书店1998年版，第620页。

② [日]福井准造:《近世社会主义》，赵必振译，上海广智书局1903年版，第47页。

的中国人,则众说纷纭,莫衷一是。有人认为,孙中山早在 1896 年流亡伦敦期间,便极有可能阅读了《资本论》,并对他"节制资本"思想的形成产生了重要影响。有人则说,马一浮才是中国引入《资本论》的第一人,他先后于 1903 年和 1904 年分别赴美国和德国购得《资本论》英文版和德文版,并于 1905 年将它们带回国内。还有人指出,王国维很可能是中国近代史上最早接触《资本论》的学者,早于李大钊、陈寅恪等人十年之久。尽管在哪个中国人最早阅读《资本论》的问题上至今未有统一的标准答案,但上述事例无一例外都诠释了《资本论》对国人的影响较早。

伴随着十月革命的一声炮响,宣传和初步研究《资本论》的论著如雨后春笋般在中国大地上迅速崛起。1919 年 6 月,李大钊在《新青年》杂志上发表了《我的马克思主义观》一文,首先宣传了《资本论》的基本思想和主要内容,其可谓准备将《资本论》基本原理诉诸实践的第一位中国人。1920 年 1 月,周恩来在狱中坚持学习和宣传被反动当局视为"洪水猛兽"的《资本论》。在记叙其狱

载有李大钊《我的马克思主义观》的《新青年》杂志

中生活的《检厅日录》中，他这样写道："六月七日。晚上会议。……先开讲演会，周恩来续讲马克思学说——经济论中的《资本论》，同《资产集中说》。"① 这无疑是当时仁人志士对《资本论》口口相传的生动事例。

值得一提的是，在《资本论》中译本问世之前，它的思想主要是通过一些入门级的通俗读物来进行传播的。1919年6月2日至11月11日，北京《晨报》副刊《马克思研究》专栏以《马氏资本论释义》为题，连载了考茨基《马克思的经济学说》一书。无独有偶，《建设》杂志也以《马克思资本论解说》为题，于1919年11月至次年6月对该书

---

① 刘炎编：《周恩来早期文集一九一二·十——一九二四·六》（上卷），南开大学出版社1993年版，第420页。

进行了连载，尽管没有最终登完。1920年9月，商务印书馆出版了陈溥贤根据日文版重译的《马克思的经济学说》。当月，李汉俊根据日文版重译的米里·伊·马尔西《马克思资本论入门》一书，由社会主义研究社公开出版。

党的第一个出版机构——人民出版社旧址（原上海南成都路辅德里625号）

上述通俗读物的介绍和出版，对《资本论》在中国的传播从而指导中国革命，具有重要的意义。在李大钊、陈独秀等人的大力推荐下，《马克思资本论入门》一书刚一问世，便深受中国进步人士和革命人士的欢迎。据有关史料记载，中国共产党于1921年9月成立了自己的出版社，公开出版了《资本论入门》、《雇佣劳动与资本》等。此外，毛泽东创办的长沙文化书社，代售发行了《马克思资本论入门》、《马克思的经济学说》等。

从《资本论》最早传入中国到中国共产党的成立，这20余年间，只是少数的仁人志士在传播和介绍《资本论》。他们甚至还未能分清马克思主义同社会主义其他流派之间的本质差别，也更不能正确认识到马克思的思想实质。尽管如此，他们对马克思主义在中国传播的启蒙作用，是不容小觑的。《资本论》在中国的早期传播，宛如划破漆黑夜幕的一道道闪电，极大地开阔了当时长期处于闭关自守状态下思想禁锢的国人的视野，给中华民族的救亡图存带来了光明与希望。

在中国的翻译历程

与中国人开始阅读《资本论》一样，《资本论》的中

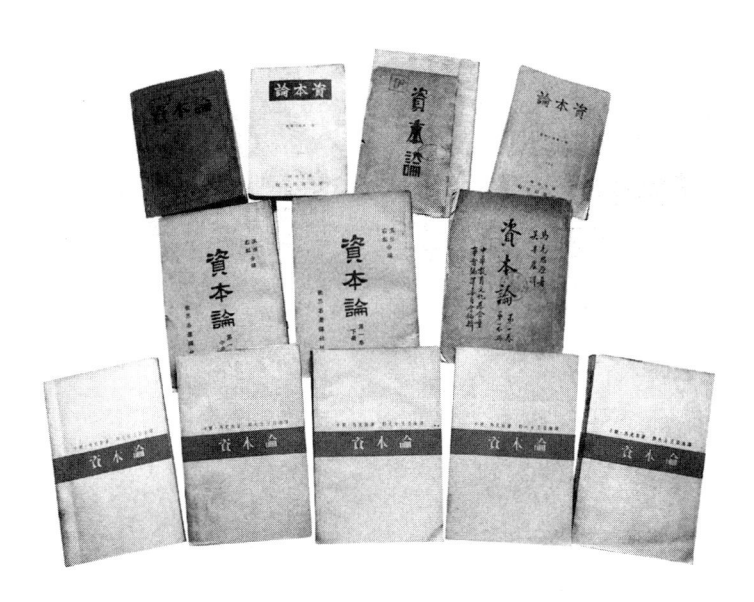

20世纪30年代出版的《资本论》中译本

译本也有多个"最早"或"第一"的版本：1920年3月，由李大钊发起成立的北京大学马克思学说研究会德文翻译组，第一次将《资本论》第一卷德文版全部译为中文；1920年10月，上海《国民》月刊第二卷第三号刊载的《资本论》第一卷德文第一版序言的中译文，是最早与中国读者见面的部分；1930年，上海昆仑书店出版的陈启修所译的《资本论》第一卷第1分册，是在中国正式出版的第一

《马克思恩格斯全集》中文第 1 版第 1—50 卷

个中译本；1936 年 6 月，王思华和侯外庐合译的《资本论》第一卷由世界名著译社出版，这是《资本论》第一卷的第一个完整中译本；1938 年 8—9 月，郭大力、王亚南合译的《资本论》三卷本由上海读书生活出版社公开发行，标志着第一个《资本论》中文全译本问世。

郭大力和王亚南合作完成《资本论》中文全译本的历程，成就了中国马克思主义出版史上的一段佳话。起初，两人并不相识。1928 年春天，郭大力在杭州大佛寺中开始着手《资本论》的翻译工作，并于当年年底就完成了第一卷的译稿。就在同一年，在经历了大革命的失败后，王亚南也来到了杭州大佛寺修整。至此，两人一见如故，立志共同完成《资本论》中文全译本。经过反复的探讨，他们达成了如下共识：只有在全面了解和把握资产阶级古典政治经济学的前提下，才能准确翻译好《资本论》。为此，他们没有立即投入到《资本论》的翻译工作中，而是尝试翻译一些古典政治经济学的代表性著作。直到1934年，他们才正式启动《资本论》的翻译工作。受到当时战火的波及，郭大力早年间翻译完的《资本论》第一卷全部损毁。于是，他们二人只能从头开始，不仅如此，出版《资本论》还承担着一定的政治风险，面临着战火蔓延带来的经济拮据和生命危险等。《资本论》中文全译本正是在如此艰难的境地诞生的，足以证明其思想作为真理的魅力。

中华人民共和国成立后，全国掀起学习马克思主义理论和阅读马克思主义经典著作的热潮，《资本论》也深受热捧。译者在深受这种境况鼓舞的同时，也倍感"压

《马克思恩格斯全集》中文第 2 版已出版的卷次

力",他们认为有义务将《资本论》尽量完善、准确地呈现在中国读者面前。为此,郭大力和王亚南曾两次启动对《资本论》中文全译本的全面修订工作,以更正旧译文中不够准确和不够通俗的地方。其中,第一次修订本于 1953 年由人民出版社出版,第二次修订本于 1963—1966 年由人民出版社公开发行。

同一时期,中央编译局一开始着手《马克思恩格斯全集》中文第 1 版的编译工作,就将《资本论》的翻译列为这一工作的重点,并于 1956 年底正式启动。由于当时缺乏熟练掌握德语的人才,只能从俄文进行转译,并完成了

第一卷的中译文。到了 1960 年底，基于《资本论》重要地位的考量，中央编译局放弃了最初的计划，决定以《马克思恩格斯全集》德文版第 23 卷为底本，重新对《资本论》进行编译。1972 年，收录《资本论》第一卷和第二卷的《马克思恩格斯全集》中文第 1 版的第 23 卷和第 24 卷问世。1974 年底，《马克思恩格斯全集》中文第 1 版第 25 卷即《资本论》第三卷正式出版。此外，由它们组成的《资本论》三卷本单行本，也于 1975 年公开问世。

这一版本的《资本论》三卷本是集体智慧与力量的结晶。它既认真吸收前人已有成果，又将编译与研究有机地结合起来，从而极大地确保了译文的质量。每一章节的译文，都经过了翻译、互校、初定稿、定稿、最后校审等环节，逐字逐句对原文和译文进行反复核对和推敲，就一些细节之处，如人物名字、机械名称和生产工序等，向相关的专家学者与实际工作者求教。例如，在《资本论》第一卷中，马克思曾提到了一位叫"Wan-mao-in"的中国人。过去的中译本和日译本，没有对此进行深入考究，而是直

《马列主义经典作家文库》著作单行本、专题选编本系列 2014—2016 年出版的 20 种著作

接进行音译甚至杜撰了一些名字。20 世纪 30 年代,经过郭沫若和吴晗等人的仔细考证,确定此人为清朝官员王茂荫。《马克思恩格斯全集》中文第 1 版中的《资本论》吸收了这一研究成果。

改革开放以来,《资本论》的翻译和传播进入了新的繁荣时期。1986 年,《马克思恩格斯全集》中文第 2 版的编译工作正式启动。该版本以《马克思恩格斯全集》历史考证版（MEGA^2）为蓝本,同时参考德文版、英文版、俄文版等。该版本最大的特色是打破"《资本论》三卷本"的传统认识，将《资本论》及其手稿作为一个整体进行编译，涵盖第 30 卷到第 46 卷，共计 17 卷 19 册。此外,《资本论》还被译为多种少数民族文字，如蒙古文、哈萨克文、壮文、藏文和维吾尔文等，极大地促进了它在中国大地的深入传播与发展。

在中国的具体运用

对于任何一部经典著作而言，传播和翻译只是手段；接受它的思想进而指导人们改变现实世界的活动，才是最终目的。《资本论》在中国传播与发展的百余年历程，其实质即为中国人民不断自觉接受并运用贯穿于其中的马克思主义基本原理和方法论，来指导中国的革命、建设和改革的过程。自 1921 年中国共产党成立并领导中国人民以

《马克思恩格斯丛书》

来，尤为如此。

中华人民共和国成立之前，在国统区被列为禁书的《资本论》，却在延安和其他解放区被看作是革命的指南。当时，不仅涌现出一大批在《资本论》思想研究方面颇有造诣的无产阶级革命家，还出现了传播、学习、研究和运用《资本论》的各种组织形式与活动。毛泽东在1937年发表的《矛盾论》一文中说道，中国共产党人必须要学会《资本论》中的辩证方法，"才能正确地分析中国革命的历史和现状,并推断革命的将来"[①]。1941 年,他又在《关于农村调查》一文中号召中国共产党人要学习运用社会研究中的分析—综合方法,明确指出"马克思的《资本论》就是用这种方法来写成的,先分析资本主义社会的各部分,然后加以综合,得出资本主义运动的规律来"[②]。

总的来说,在中国的革命进程中,传播《资本论》的主要目的在于,要使中国人民接受马克思所运用的马克思主义基本原理和方法论,认识到阶级剥削与压迫的制度根源、资本主义发展的历史规律、共产主义取代资本主义的历史必然性,从而积极投身于无产阶级领导的新民主主义革命中,为推翻各种反动统治,实现民族独立和人民解放、国家富强和人民富裕而不懈奋斗。

伴随着中华人民共和国的成立,人民民主专政的建立和社会主义制度的发展,《资本论》的传播获得了前所未有的优越条件。它不仅以崭新的面貌和较高的水准呈现

[①] 《毛泽东选集》第一卷,人民出版社 1991 年版,第 308 页。
[②] 《毛泽东文集》第二卷,人民出版社 1993 年版,第 380 页。

在国人面前，还在蓬勃发展的教学与研究中得到人们的深刻理解。在这种有效且广泛的传播情形下，广大人民群众了解资本主义社会经济运动规律，认识到资本主义制度的本质和社会主义制度的优越性，并对社会主义建设时期的重大理论和现实问题作了初步的探索。

改革开放以来，马克思主义与中国实际相结合进入新的阶段。相应地，《资本论》在中国的传播也结出了新的累累硕果。围绕着经济建设这一中心，《资本论》的文本编译和思想研究不断向纵深开拓：以现实问题为导向，结合社会主义市场经济建设和国际金融危机，对《资本论》中的生产方式概念、劳动价值论、资本总公式、产权改革和收入分配论等，作出了全新的阐释。不可否认，在上述过程中出现了质疑和否定《资本论》的主要内容和基本观点的声音，甚至出现用西方经济学来取代马克思主义指导地位的偏见。从长远来看，这些错误论断都是暂时的现象，根本经不起历史和现实的检验。正所谓真理越辩越明，马克思主义正是在与不同观点的争论和交锋中，才能

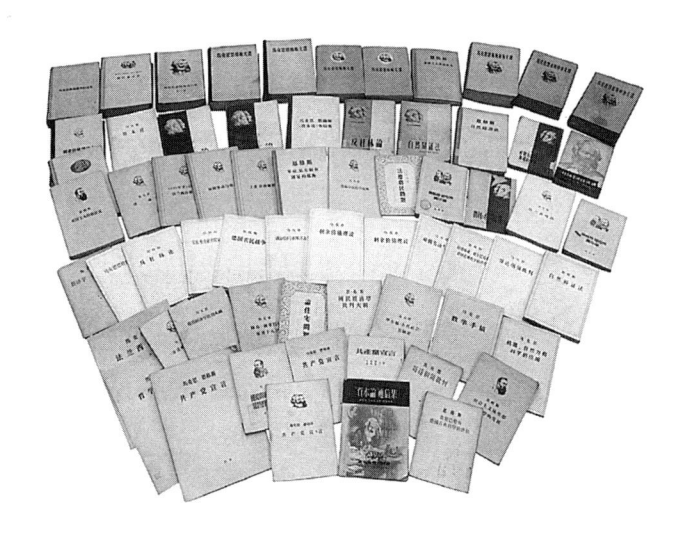

20世纪50—70年代编译出版的马克思恩格斯著作各种文集本、专题读本和单行本

彰显出其所具有的丰富科学内涵，才能更加深入人心。

2016年5月17日，习近平总书记在哲学社会科学工作座谈会上指出："有人说，马克思主义政治经济学过时了，《资本论》过时了。这个说法是武断的。远的不说，就从国际金融危机看，许多西方国家经济持续低迷、两极分化加剧、社会矛盾加深，说明资本主义固有的生产社会化和生产资料私人占有之间的矛盾依然存在,但表现形式、存在特点有所不同。"① 这一重要论断充分说明了《资本论》在当今世界的重要价值,它将鼓舞和引导中国人民不断续写坚持和发展、学习和运用《资本论》及其思想的新篇章!

---

① 习近平:《在哲学社会科学工作座谈会上的讲话》,人民出版社2016年版,第14页。

结　语

《资本论》大众化的尝试

时间推序到 21 世纪的今天，距离马克思诞生已过去整整两百多年。适逢其时，以马克思主义为符码的思想研究与社会运动，继续推进到了新的高潮。随着这位公认的"千年第一思想家"再次成为理论工作者和普通民众的谈资，就会不可避免地出现各式滥竽充数的侈谈。面对当前由形形色色的解释所构成的"马克思热"，只需稍微"冷思考"一下便会发现：始于 2017 年的《资本论》热"已然逝去，似乎不留一点余温。

然而，《资本论》毕竟是马克思一生的"思想高峰"，是理解与诠释马克思思想绕不开的重要环节。"新热"迅速且不留痕迹般取代"旧热"的现象屡见不鲜,这折射出来的不仅仅是只注重形式而忽视作为本质的思想本身,更是长期困扰着我们的困境:如何才能真正地"走进"或"回到"马克思的思想世界,从而彰显其现时代价值?

对于了解任何大思想家的观点来说,阅读他的经典著作即我们通常所说的"一手资料",是不可或缺的首要环节。不论是专业的理论研究者,还是普通的人民群众都理应如此。可是,人与人之间的理解能力与阅读层次是存在着巨大差异的,正所谓"一千个读者就有一千个哈姆雷特"。面对《资本论》这样一个充满宽广思想视野、浓厚人文情怀、深邃历史意识和丰富哲学内涵的皇皇巨著,专业研究者恐怕都无法"驾驭"好,甚至望而生畏,普通民众产生"读不懂、不想读"的情绪也就在所难免了。毫无疑问,这势必给马克思主义在中国的传播与发展带来一定的阻碍。

由此可见,探索实现《资本论》大众化的有效性,是一件极其紧迫的和极为必要的事情。当然,大众化绝不是表面形式上的通俗化，更不意味着庸俗化；可以适当地"戏说"，但绝不可以"胡说"。也就是说，保留《资本论》中的思想原貌和思想深度，是《资本论》大众化的前提。

如何在《资本论》的大众化与通俗化之间守住一定的界限，曾经也是困扰马克思的一个问题。《资本论》在某种程度上可谓一部大众化的读物，其理论表达最为艰深晦涩的部分不外乎关于价值的部分。马克思早在《资本论》出版之时就力图通过引经据典的方式，运用西方人所耳熟能详的神话故事和经典作品中的人物与事例，使用现实中的数据材料，甚至调整篇章结构等，来降低阅读难度，从而更好地理解其意旨。但效果不甚明显，马克思也曾为此深感苦恼。

1873年，由德国社会民主党人约翰·莫斯特所写的《资本和劳动。卡尔·马克思〈资本论〉浅说》，在德国开姆尼斯公开发行。客观而言，由于作者对《资本论》缺乏了解，所以这本小册子对马克思的理论有所歪曲；它充其量是一本通俗读物，不可谓大众读物。但是，即使是这样的一本解读《资本论》的通俗读物,在当时的德国也"别无分号"。何况读者也确实对这本小册子很感兴趣。万般无奈之下,加之李卜克内西的再三建议,马克思最终带病接受了修订再版这本书的工作,并为此付出大量的心血。他事后曾写信给友人说道:"现在顺便给你寄去经我修订的莫斯特的著作,我没有署名,否则我就要作更多的修改(一切涉及到价值、货币、工资以及其他许多问题的地方,我已不得不全部删去并换上自己的话)。"① 马克思对将《资本论》通俗化做法的抵触与反感,由此可见一斑。

究其实,大众化就是人们常说的"深入浅出"。一个思想家在表述其思想时,"浅入深出"、"深入深出"、"深入浅出"是三种层次递增的境界。大的思想家普遍追求"深入浅出"的效果,以使其思想能够为人们所普遍接受并且深刻理解,进而指导人们正确从事认识和改造现实世界的活动。马克思也不例外。同样,我们在撰写带有导读性质

---

① 《马克思恩格斯全集》第34卷,人民出版社1972年版,第172页。

的关于经典著作阐发的论著时，更应当在最大限度上达到这种效果，杜绝言不尽意的情况。此外，对于中国人而言，《资本论》大众化的尝试也要与中国化紧密结合起来。关于《资本论》的中国化和大众化，最直白的一种解释就是：用中国人能够接受的语言方式来表述《资本论》中蕴含的深邃思想。只有这样，才能真正写好《资本论》的"故事"，让中国读者更好地认识、理解和接受马克思。

视频索引

为什么还要读马克思？……………………001

贫富差距为什么会加剧……………………008

马克思为什么写《资本论》?……………014

征服世界的历程……………………………031

19 世纪中期伦敦风貌 034

资本主义阶段不可跨越吗？ 053

什么是"政治经济学批判"？ 087

金融危机为什么是导火索？ 098

什么是财富的源泉？ 110

后　记

　　一直以来，内心很抵触在自己的著述后面写作一个类似于"后记"的东西。一则认为自己的生命体验和研究资历尚浅，没有什么特别深刻的见解，没有资格像一个真正的学者那样作一段内心的"独白"。二则写作著述过程背后的历程是一件私人化的事情，没有公之于世的必要。三则如果出于著述中自己的思想没有更好地为人们接受的需要，而在所谓的"后记"中进行补充的话，那就更没有必要了，因为既然著述都不为人知了，"后记"就更可有可无了。

　　颇具讽刺意味的是，写作这样一本大众化的小册子，而不是专业的学术著作，居然打破了一位所谓"专业研究者"的信条。它使我深刻意识到"后记"的必要性就在于会促使自己很好地反思。

而作为前提性批判的反思，正是哲学的"本性"与魅力所在！

出于本书"结语"部分中罗列的诸多考虑，我选择并接受了写作《〈资本论〉的故事》的"任务"，让《资本论》中本身存在的那些故事自己"讲"出来，让它本身具有的大众化性质自然过渡到大众中去。与此同时，为了协调好中国化与大众化之间的内在联系，我还对一些我们国人不太熟悉的背景性知识和典故，以"故事"的写作手法作了简要介绍，并融入到《资本论》本身的故事中。

有人或许会质疑，对于一个从事马克思主义哲学研究，特别是文本学研究的所谓"专业人士"来说，写作这样一本小册子是不是专业"不对口"甚至有些"不务正业"的行为。在此，我想做一个必要性的澄清。按照我本人的研究计划，在已经完成关于马克思《哲学的贫困》和《经济学手稿（1857—1858）》的两部研究专著后，接下来要做的就是《资本论》文本学研究。如何进入这个文本，最佳的方式无疑是马克思本人所呈现出来的让读者接受的方式。在理解了大众化作为《资本论》题中应有之义之后，写作《〈资本论〉的故事》对于《资本论》文本学研究来说，无疑是一个必要的前提性工作。接下来，我要做的就是将"浅出"形式所表征的"深入"内容一点点挖掘出来，进而实现对马克思《资本论》思想世界较为客观且全面的阐释。

最后，向在这本小册子的写作过程中给予我鼓励、支持与帮助的各位师友表示诚挚的感谢。感谢我的导师北京大学教授聂锦芳先生。自 2005 年求学燕园时即与先生结下不解之情缘。感谢首都师范大学程广云教授、原兰州军区空军政治部主任李德林将军、《哲学动态》编辑部主任贾红莲编审、清华大学夏莹教授，以及我的同事兼系友《哲学动态》编辑部孙婧一副编审和韩骁编辑。感谢人民出版社领导对这本小册子付梓的大力支持。

杨洪源
2023 年 8 月 8 日深夜
于中国社会科学院科研楼

总策划：黄　韦
责任编辑：曹　歌　余　雪　高华梓
装帧设计：汪　莹

图书在版编目（CIP）数据

《资本论》的故事／杨洪源 著 . —北京：人民出版社，2023.9
ISBN 978－7－01－021637－9

Ⅰ.①资… Ⅱ.①杨… Ⅲ.①《资本论》-通俗读物
Ⅳ.① A123-49

中国版本图书馆 CIP 数据核字（2020）第 000295 号

《资本论》的故事

ZIBENLUN DE GUSHI

杨洪源　著

人 民 出 版 社　出版发行
（100706　北京市东城区隆福寺街 99 号）

北京新华印刷有限公司印刷　新华书店经销
2023 年 9 月第 1 版　2023 年 9 月北京第 1 次印刷
开本：880 毫米 × 1230 毫米 1/32　印张：5.625
字数：77 千字

ISBN 978－7－01－021637－9　定价：50.00 元

邮购地址 100706　北京市东城区隆福寺街 99 号
人民东方图书销售中心　电话（010）65250042　65289539

版权所有·侵权必究
凡购买本社图书，如有印制质量问题，我社负责调换。
服务电话：（010）65250042